17216

NOTE

SUR

L'ORIGINE ET LES PROCÉDÉS PROPRES A TEINDRE, RAYER ET OMBRER LES ÉTOFFES.

PAR

ROUGET DE LISLE,

INGÉNIEUR-MANUFACTURIER.

Les étoffes rayées et ombrées par la teinture sont en ce moment un sujet de discorde. Plusieurs personnes se disputent l'honneur de les avoir inventées et le droit exclusif de les exploiter.

Cette prétention exagérée a donné lieu à plusieurs procès en contre-façons, qui sont aujourd'hui pendant devant les tribunaux correctionnels.

C'est donc rendre un service utile et nécessaire aux inventeurs-plaideurs, et aux magistrats eux-mêmes que de leur faire connaître les noms des personnes qui se sont occupées depuis longtemps de ce genre de teinture, et qui l'ont abandonné, après l'avoir exploité pendant un certain temps avec beaucoup de succès et de profit.

Disons, cependant, pour éviter toute erreur et tout embarras que le

1

1846

mode de teinture employé alors était purement manuel, et que la méthode actuelle d'opérer, à l'aide de moyens moitié mécaniques et moitié chimiques, peut être considérée comme une invention ou une découverte nouvelle.

Mais, pour arriver à tirer un sens clair et précis de ce que chacun a voulu produire et inventer, il faut encore commenter et interpréter les principes chimiques et mécaniques à l'aide desquels les résultats industriels sont poursuivis. Cette étude nous paraît indispensable pour prouver que les machines, procédés et systèmes, soi-disant nouveaux, se rattachent à quelque chose d'antérieur ; qu'il n'y a réellement que le nouveau mode de réunir et d'agencer les organes mécaniques qui peut être considéré comme une invention brevetable.

Au résumé, pour mettre un peu de clarté dans la question de priorité de l'invention des rayures ombrées, nous allons essayer de faire une analyse abrégée de cet art nouveau, et nous tâcherons d'être justes envers tout le monde, en ce qui concerne les perfectionnements apportés.

Arrêtons-nous d'abord au point plus obscur et non moins intéressant que les autres, cherchons l'origine traditionnelle des rayures proprement dites.

C'est de l'histoire présumée des rayures unies et tissées, plus anciennes, que nous allons nous occuper avant de pénétrer plus avant ; elle est l'introduction naturelle à toute l'histoire des rayures imprimées ou teintes qui sont nées longtemps après. Puis nous essayerons de faire le résumé succinct, mais vrai, des procédés matériels ou genres de teinture et d'impression à l'aide desquels on les a obtenues plus tard. D'ailleurs, il nous reste des descriptions exactes de ces procédés, et nous les empruntons aux ouvrages publiés, ainsi que les dessins des appareils qui viennent à l'appui de notre raisonnement et ne laissent aucun doute sur l'existence déjà ancienne de l'art de teindre ou d'imprimer mécaniquement les rayures unies, soit sur les étoffes de coton, soit sur les étoffes de laine et de soie.

Ensuite, nous décrirons les procédés ou systèmes déjà publiés, et ceux actuellement brevetés *pour imprimer ou teindre* mécaniquement, rayer et ombrer les étoffes.

Enfin, nous examinerons, dans un chapitre spécial et séparé, les analogies et les différences que peuvent présenter ces divers systèmes, et s'ils ne renferment pas des organes déjà connus et employés séparément. Nous examinerons en même temps les prétentions des fabricants, fort habiles d'ailleurs, qui ont pris, il y a un an seulement, des brevets d'invention pour des *machines ou appareils propres à teindre mécaniquement, rayer et ombrer les étoffes de toutes espèces.*

Nous examinerons, disons-nous, les prétentions exagérées et mal fondées de ces inventeurs qui réclament l'exploitation privilégiée de la teinture ombrée sur les étoffes en pièce, *quand même elle serait faite au moyen d'un mécanisme tout différent du leur.*

Dès lors nous adoptons, dans notre travail, un ordre suivant lequel il paraît probable et même certain que les inventions ont eu lieu :

1° Origine des rayures unies et tissées ;

2° Origine des rayures teintes ou imprimées à froid ;

3° Invention des rayures imprimées et teintes par un procédé mécanique ;

4° Origine des rayures ombrées au moyen des fils de la chaîne, convenablement dégradés et juxta-posés ;

5° Invention de la teinture des soies ombrées ;

6° Invention des rayures obtenues par le trempage manuel et graduel du tissu, préalablement plié dans le bain de teinture ;

7° Invention des rayures unies ou fondues et imprimées mécaniquement ;

8° Invention de la teinture ombrée au moyen d'une machine,

c'est-à-dire par l'immersion d'une partie seulement du tissu dans le bain de teinture et par un système d'enroulement du tissu sur des cylindres d'appel, système qui facilite et régularise le travail ;

9° Invention ou application de nouveaux organes mécaniques pour teindre, rayer et ombrer les étoffes par un système de molettes convenablement espacées et pressant sur l'étoffe qui reçoit la couleur, fournie par des molettes placées au-dessus.

Cette dernière invention est celle pour laquelle MM. Jourdan, de Cambrai, ont pris un brevet d'invention, le 8 novembre 1844 ; et ils réclament l'exploitation privilégiée, tout à la fois de l'idée elle-même, qui consiste à obtenir les rayures ombrées par l'*impression à chaud, c'est-à-dire par la pression partielle et continue des molettes sur l'étoffe,* et de tous les organes à l'aide desquels cette idée est mise en pratique.

Ils prétendent même au droit d'interdire toute application de l'enroulement de l'étoffe sur des cylindres d'appel, qui sont déjà employés dans divers appareils de teinture, et principalement dans les machines *à teindre les étoffes en ombré* de MM. Barallon, Forissier et Giraud, qui ont pris eux-mêmes des brevets d'invention non expirés.

Nous résumerons plus tard les faits et les discussions judiciaires auxquels la propriété elle-même de cette machine a donné lieu ; nous reproduirons un rapport d'experts, dressé en vertu d'un jugement du Tribunal correctionnel de Saint-Étienne, en date du 14 décembre 1844.

Il résulte de ce rapport *que les cylindres d'appel ou d'enroulement sont essentiellement du domaine public* et employés d'ailleurs en teinture, et par M. Giraud lui-même dans sa machine *à teindre les rubans en uni,* pour laquelle il a pris un brevet d'invention en 1822, et un certificat d'addition en 1833. (*Voir planche* II, *fig.* 2 *et* 3.)

Disons donc que, quant à l'emploi des cylindres d'appel ou d'enroulement, les prétentions de MM. Jourdan sont sinon absurdes, au moins mal fondées. Nous ajouterons aussi avec non moins d'empressement et de sincérité, quant à l'ensemble des organes qui composent leur machine, c'est-à-dire à l'emploi des molettes supérieures et inférieures entre lesquelles passe l'étoffe, *qu'ils ont réuni dans cette machine les meilleurs éléments déjà existants pour imprimer par teinture à chaud, rayer et ombrer partiellement les étoffes de laine; que cette machine toutefois, ne leur donne pas le droit d'interdire l'application de la bassine, des cylindres d'enroulement ou de tout autre mécanisme différent du leur, pour produire et teindre des rayures ombrées.*

Le droit est établi, d'ailleurs, par un arrêt de la Cour royale de Douai, en date du 30 mars 1846, auquel nous empruntons le considérant suivant, qui vient à l'appui de notre opinion :

« Que sans doute on ne peut dénier à Descat le droit de produire,
« par un système d'impression ou tout autre, des étoffes ombrées et
« rayées, à l'aide des machines Zuber, Giraud, Kœchlin, Thomas,
« Godefroy, ou par toute autre combinaison des agencements qui
« composent cette machine ; mais qu'on ne peut lui reconnaître celui
« de teindre les étoffes par la pression partielle et continue qui con-
« stitue le système de Jourdan. »

Voilà donc le droit établi, et cependant M. Jourdan poursuit encore M. Descat comme contrefacteur pour l'emploi des moyens faisant l'objet des brevets de Zuber, Godefroy, Giraud, etc.

MM. les magistrats, appelés à statuer sur cette action en contrefaçon, nous permettront, sans doute, de leur faire connaître, d'abord, l'histoire des rayures, avant même de citer les faits du procès et de discuter les questions de la contrefaçon.

§ I.

Origine des étoffes rayées et tissées.

On lit dans la Genèse (chap. XXXVIII, versets 5, 25 et 52), que Jacob tissa à son fils une robe rayée et bigarrée de plusieurs couleurs. Virgile parle aussi des étoffes tissées et rayées de diverses couleurs (*Énéide*, liv. VIII, verset 680). Cela suffit pour démontrer rigoureusement que les étoffes rayées et tissées étaient déjà connues dans l'antiquité ; et nous ajouterons même qu'elles sont encore généralement, pour ne pas dire inclusivement, en usage aujourd'hui chez certains peuples orientaux, principalement dans la Perse, dans l'Arménie et chez les Chinois, qui ont imaginé, depuis un temps immémorial, la fabrication des étoffes de soie avec des rayures ombrées par le tissage, c'est-à-dire par l'assemblage des fils de chaîne uniformément dégradés et juxta-posés.

Nous ne poursuivrons donc pas plus loin le fruit de nos investigations.

§ II.

Origine des étoffes rayées par la teinture à froid.

Les anciens n'ignoraient pas, sans doute, l'art de teindre les étoffes avec des rayures de plusieurs couleurs ; nous rapportons ici la traduction d'un passage de Pline, qui ne laisse aucun doute à cet égard.

« En Égypte, dit-il, on peint jusqu'aux habillements, par un pro-

« cédé merveilleux ; pour cela on emploie un tissu blanc sur lequel
« on applique, non point des couleurs, mais des substances sur les-
« quelles mordent les couleurs. Les traits ainsi formés sur le tissu ne
« se voient pas ; mais quand on le plonge dans la chaudière de tein-
« ture bouillante, on le retire au bout d'un instant chargé de
« dessins ; et, ce qu'il y a de plus remarquable, c'est que, quoique la
« chaudière ne contienne qu'une seule matière colorante, le tissu
« prend des nuances diverses ; la teinte variant selon la nature de la
« substance qui s'imprègne de couleurs. Ces couleurs ne peuvent
« s'effacer par l'eau. Il est clair que si le tissu était chargé de dessins
« coloriés, toutes les couleurs seraient brouillées quand on le retire-
« rait. Ici toutes les couleurs se font par une seule immersion, et il
« y a en même temps coction et teinture. Le tissu, modifié par cette
« opération, est plus solide que s'il ne le subissait pas (Pline, li-
« vre XXXV, chap. 61, du tome XX ; édit. de Panckoucke 1835). »

On peut donc conclure de ce passage de Pline, ainsi que des témoignages de Strabon (livre XV *de India*), et de Hérodote (livre Ier),
que les peuples de l'antiquité ont connu le secret de teindre des dessins sur les étoffes, et, par conséquent, des rayures unies de plusieurs
couleurs qui sont d'une exécution plus simple et plus facile : nous
ignorons, cependant, les mordants et teintures qu'ils employaient, et
nous sommes réduits, pour les connaître, ou plutôt pour les présu-
mer, à faire des conjectures, des suppositions pour le moins fort
douteuses.

C'est en 1742 seulement, que le R. P. Cœrdoux a fait connaître les
procédés employés, dit-il, *depuis longtemps par les Indiens, pour faire
des rayures en bleu avec l'indigo préparé* (voir tome XXVI, page 172, *des
Lettres édifiantes*, édit. in-12, de 1742). Ces procédés sont encore aujourd'hui, à peu de choses près, ce qu'ils étaient alors ; on peut s'en as-
surer, du reste, en comparant les descriptions données par les auteurs

modernes avec celles déjà publiées dans le *Dictionnaire encyclopédique,* édit. de 1765 (article *Toile imprimée*), et dans l'*Encyclopédie pratique,* par le chevalier W..., édit. de 1772 (*même article*).

Voici la manière actuelle d'opérer : les montchys (coloristes en toiles) tracent *des raies* ou *réserves* avec une espèce de tire-ligne en jonc, garni à l'extrémité d'une petite éponge, d'un tampon en drap, ou de poils rudes, qu'ils imbibent de cire chaude, et qu'ils pressent légèrement et à mesure du besoin. Quelques-uns enduisent ou plaquent toute la pièce de cire, puis ils enlèvent la cire avec un poinçon de bois dans les endroits qui doivent être teints en bleu ; ils donnent ensuite la pièce, ainsi préparée, à un teinturier particulier qui la teint à froid, après l'avoir pliée en double et accrochée sur un cadre ou châssis circulaire.

§ III.

Invention des rayures imprimées et teintes par un procédé mécanique ; par Jeffreys.

En 1791, Jeffreys, teinturier en écarlate à Londres, prit une patente pour une manière plus expéditive de teindre les étoffes de laine et autres, avec des lignes droites ou ondulées (bleues et blanches) ; il imagina d'appliquer sur l'étoffe une réserve ou composition grasse et chaude, à l'aide d'un appareil entièrement nouveau et original.

L'appareil de Jeffreys se compose d'une bassine en métal qui contient la réserve, composée de parties égales de terre de pipe et de suif chauffé jusqu'à l'ébullition.

On place cette bassine sur l'étoffe qui est posée, et bien tendue, sur une table horizontale recouverte de plusieurs draps et de parchemin.

L'étoffe reçoit ainsi la réserve, convenablement chauffée, qui s'écoule par des ouvertures longitudinales pratiquées à jour sur le fond de la bassine.

La largeur des orifices est variable à volonté, selon l'écartement que l'on veut avoir entre les rayures bleues.

Pour régulariser le travail, dit M. O'Reilly, qui rapporte ce procédé, on enroule d'abord l'étoffe sur un cylindre ajusté sur les deux montants qui servent à soutenir la table...... et, avant de placer la boîte remplie de la composition, on accroche l'extrémité de la pièce d'étoffe à un morceau de bois auquel est attaché une corde. L'atelier doit être de la longueur d'une pièce. Cette corde s'enroule sur le tambour placé à l'extrémité de l'atelier en tournant la manivelle avec plus ou moins de vitesse; on détermine la rapidité du mouvement qu'on veut donner aux draps en les faisant passer sous le fond de la bassine contenant la composition.

Il ajoute : dans la teinture des étoffes de laine imprimées de cette manière, il faut avoir le plus grand soin que leur surface ne vienne point en contact dans le bain; on empêche cet attouchement au moyen d'un cadre qui se place sur les bords de la chaudière.

Invention du cadre circulaire pour teindre les rayures unies, par Jeffreys en 1791.

Les tringles du cadre sont munies de crochets auxquels on accroche une des lisières de la pièce; à l'autre lisière, on suspend des poids de plomb pour maintenir les plis dans leur position perpendiculaire; les tringles du milieu dépassent la circonférence de la chaudière, afin de soutenir le cadre, et servent en même temps pour l'enlever du bain ou l'y plonger de nouveau, de manière à produire une nuance unie qui n'aurait pas lieu si les surfaces venaient en contact (Extrait du tome II, page 511, DES ANNALES DES ARTS ET MANUFACTURES).

Le procédé de Jeffreys est bien certainement le type des divers procédés ou appareils mécaniques inventés depuis, pour teindre, rayer et ombrer les étoffes et le papier; du moins, on y retrouve les trois pièces fondamentales, savoir :

1° *La bassine avec ou sans compartiments, qui contient une composition chaude, pour faire des rayures ou réserves ;*

2° *Un cylindre sur lequel on enroule la pièce à teindre, pour régulariser le travail,* dit l'auteur ;

5° *Enfin, un second cylindre ou tambour qu'on fait tourner à l'aide d'une manivelle, et sur lequel s'enroule une corde, liée à une tringle en bois, laquelle attire et entraîne la pièce sous la bassine, etc.*

Or, les trois pièces constituent en partie, l'idée fondamentale et mécanique de l'appareil que M. Jourdan a la prétention d'avoir inventé *de toute pièce, et sans rien prendre ou emprunter aux machines connues.*

Et, par une bizarrerie vraiment étonnante, le cadre circulaire est celui que M. Depoully dit avoir inventé le premier en 1845 (1), *pour teindre mécaniquement des rayures ombrées* sur les étoffes légères, telles que balzorine, crêpe, gaze, tulle, barège, organdi, etc. Tout au plus M. Depoully pourrait-il dire qu'il a appliqué le premier le cadre circulaire *pour teindre les rayures ombrées ;* et, en supposant même, quant à présent, que cette application soit susceptible d'être brevetée, nous ferons remarquer, en passant, que l'idée première et le droit exclusif de l'exploiter appartient réellement à M. Pierre Giraud, teinturier à Saint-Étienne, qui a pris un brevet spécial le 12 février, 1840.

(1) M. Depoully a pris un brevet spécial pour cette invention, le 21 janvier 1845.

§ IV.

Origine des étoffes rayées et ombrées au moyen des fils de la chaîne, uniformément dégradés et juxta-posés.

Comme nous l'avons dit en commençant, les étoffes de soie rayées et ombrées ont été inventées et fabriquées depuis un temps immémorial dans la Chine. Toutefois, nous ne connaissons pas l'époque précise de l'introduction de ce genre de fabrication en France.

Il existe seulement, à la Bibliothèque royale, salle des estampes, une riche collection d'étoffes de ce genre, qui ont été recueillies, par les ordres du maréchal de Richelieu, pendant les années 1720 à 1736.

Le premier, en 1775, Paulet a publié les procédés techniques pour faire les rayures ombrées, qu'on appelait alors rayures à nuances, ou rayures nuées, pour les distinguer de celles qui ne l'étaient pas ou qui n'étaient que d'une couleur, c'est-à-dire d'une seule teinte. (Voir son livre intitulé : *l'Art de fabriquer les étoffes de soie*, tom. 1er, 2e partie, page 115.)

Paulet donne la description et les dessins de machines fort ingénieuses *pour faire à propos*, dit-il, *le mélange des couleurs, c'est-à-dire le mélange des différentes teintes dont une couleur est susceptible pour ombrer par dégradation les baguettes d'une rayure.*

Nous pouvons donc tenir pour constant, sans justifier plus long-temps cette assertion, que la fabrication des rayures ombrées par le tissage était connue anciennement; qu'elle a été abandonnée pendant un certain temps, et reprise de nouveau vers l'année 1825.

On lit, du moins, la mention de ce germe de fabrication dans le rapport du jury de l'exposition en 1823.

Le rapport dit, page 67 : *MM. Grand frères, de Lyon, ont exposé des lampas, des satins brochés en soie nuancée, etc.* . . . .
Page 68 : *MM. Depoully, Schirmer et compagnie, à Paris, ont exposé des étoffes à chaîne et trame de laine, avec dessin liseré, dont la fabrication est parfaite quoique difficile*; . . . .
des baréges à chaîne et trame de laine RAYÉS EN NUANCES VIVES.

Mais le mode, employé à cette époque, pour teindre les différents écheveaux de soie était purement manuel et très coûteux. Quelqu'un plus intelligent, M. Brunier aîné, imagina alors un moyen plus économique et fort ingénieux de teindre et d'ombrer l'étoffe elle-même(1); il appliqua purement et simplement le procédé déjà inventé, en 1811, par MM. Beauvais et Renard, pour teindre les soies.

Voici la description textuelle de ce procédé, extraite du tome 6, page 142, des *Brevets expirés.*

§ V.

Procédé de teinture des soies ombrées, inventé par MM. Beauvais et Renard en 1811.

« Jusqu'à présent, disent les inventeurs, les ombrés en soie ont « été faits en lignes horizontales et par dégradation de nuances ; sui—

---

(1) M. Depoully prétend que c'est lui qui a doté l'industrie de ce produit nouveau en 1823 ; et nous savons, nous, d'après des indices certains, et les témoignages des industriels les plus recommandables de Lyon et de Paris, qu'en 1823, M. Depoully, alors associé de M. Schirmer, ne fabriquait que des étoffes de soie, rayées et ombrées par le tissage.

« vant notre procédé, ils se font en lignes verticales et sans dégra-
« dation visibles de nuances.

« Le bain de teinture préparé, la soie y est trempée par sa partie
« inférieure, c'est-à-dire la plus foncée; le bain est éclairci (par de
« l'eau ou autre préparation) au fur et à mesure que l'on approche
« de la partie supérieure qui est claire. »

Ce procédé a été considérablement perfectionné depuis par divers
teinturiers de Lyon et principalement par MM. Fondrobert et Joly, à
Paris, qui ont imaginé chacun séparément et à des époques différentes, des appareils mécaniques qui aident et facilitent beaucoup la
tâche de l'ouvrier teinturier.

Mais, pour ne point interrompre l'histoire chronologique des teintures ombrées, nous décrirons rapidement en quoi consistent ces
appareils.

Moyen de teindre et d'ombrer les écheveaux de soie, de laine ou de
coton dans toute la longueur, employé dès 1840, par M. Fondrobert (planche V, fig. I). *Invention d'un cadre rectangulaire pour
recevoir, teindre et ombrer mécaniquement les fils de soie ou de laine.*

Les écheveaux de soie ou de laine sont disposés sur des lissoirs en
bois carré que l'on fixe ensuite sur un cadre rectangulaire à des distances convenables ; le milieu du cadre est suspendu à une corde qui
est liée sur un cylindre, et permet ainsi de ne tremper successivement qu'une partie des écheveaux, de manière à ombrer suivant le
procédé inventé par MM. Beauvais et Renard.

Il est vrai que, antérieurement à M. Fondrobert, quelques personnes
avaient déjà essayé de chiner les fils simples ou retors, soit par la
la teinture, soit par l'impression.

Nous citerons MM. Oudard et Henry Mather, qui ont pris un brevet d'invention le 24 décembre 1822, pour des procédés propres à teindre et à imprimer en diverses couleurs les écheveaux de fils de laine, de soie et de coton (Voir tome 15, page 284, des *Brevets expirés*).

En 1829, la Société royale anonyme de la Savonnerie, représentée par M. Camille Beauvais, a pris un brevet d'invention pour un appareil propre à imprimer la chaine des étoffes, *appareil qui rend*, disent les auteurs, *des impressions en chiné* (Voir tome 27, page 257, des *Brevets expirés*).

Depuis cette époque, plusieurs personnes ont demandé des brevets qui reposent sur des principes semblables ou analogues et qui ne paraissent pas devoir être appliqués avec utilité et avec économie, du moins d'après les descriptions données par les auteurs.

Au résumé, le cadre inventé par M. Fondrobert, depuis près de dix ans (1), est encore le meilleur ou plutôt le seul appareil mécanique, généralement adopté à Paris, pour teindre et ombrer les écheveaux de soie et de laine dans toute la longueur de leur périmètre.

§ VI.

Invention de la teinture des étoffes teintes ombrées par le trempage en 1824.

On fait remonter à M. Brunier aîné, fabricant de soieries à Lyon, homme d'un mérite éminent, l'invention du mode de teindre les châles, fichus, écharpes en crêpe ou zéphyrs avec des rayures partielles

(1) M. Depoully, lui, a pris un brevet d'invention, le 24 janvier 1845, pour la découverte de cet appareil et la manière de s'en servir pour teindre les écharpes, fichus et châles ombrés ; il a la prétention, mal fondée d'ailleurs, de l'employer privativement.

et ombrées. Il imagina, dit-on, vers l'année 1824, la manière de produire ces rayures ombrées en pliant l'étoffe une ou plusieurs fois sur elle-même, suivant le nombre des zones qu'il voulait avoir.

En 1825, MM. Imbert et Pierson, ouvriers teinturiers chez M. Brunier, fondèrent un établissement spécial à Lyon, pour l'exploitation de ce nouveau mode de teindre.

Voici le procédé qu'ils employaient alors et qui nous a été communiqué par M. Imbert lui-même :

« Je pliais l'étoffe ou les châles sur eux-mêmes dans toute la lar-
« geur ou la longueur, lorsqu'il s'agissait d'étoffes en pièce ; je com-
« primais les plis entre deux barres de bois, et je teignais ensuite à la
« méthode ordinaire; mais lorsque l'étoffe était épaisse, j'introdui-
« sais entre les plis un petit bâton armé d'une aiguille à l'une des
« extrémités, et soutenu par l'autre au moyen d'une ficelle. Je tei-
« gnais ainsi des étoffes de crêpe de 14 mètres, et en tulle jusqu'à
« 40 mètres, etc. »

La méthode de teinture de MM. Brunier, Imbert et Pierson, consistait, comme on le fait aujourd'hui, à plonger l'étoffe, pliée sur elle-même, graduellement dans le bain de teinture, et à l'agiter continuellement pour obtenir une dégradation parfaite, sans tache et sans démarcation visible de nuances.

En 1830, feu Louis Durand, imprimeur sur étoffes, à Saint-Just-sur-Loire, a employé le même procédé pour produire des rayures ombrées, soit sur la largeur, soit sur la longueur des étoffes de soie, dites crêpes ou zéphyrs. Cet ingénieux fabricant imprimait des dessins variés sur ces étoffes avec des couleurs ordinaires à la gomme, qu'il fixait ensuite par la vapeur d'eau ; il obtenait aussi les effets de l'impression par la teinture elle-même, à l'aide d'un procédé pour lequel il avait pris, en 1829, un brevet d'invention de quinze ans, publié dans le tome XL, page 169, des *Brevets expirés*.

Le procédé de M. Durand consiste à comprimer entre deux cadres de bois toutes les parties de l'étoffe qu'on veut préserver de la teinture. Ces cadres, découpés suivant le dessin à produire, laissent ainsi à découvert les parties qu'on veut teindre.

M. Milliant, aujourd'hui maître teinturier, à Val-Benoite, près Saint-Etienne, nous a attesté par écrit qu'il avait teint ainsi chez M. Durand plusieurs milliers de fichus et d'écharpes de crêpe, de 1850 à 1840 ; et il a ajouté, avec la plus entière franchise, qu'il n'avait teint que des crêpes ou des zéphrys, et qu'il n'était pas à sa connaissance qu'on eût teint de cette manière ou autrement des tissus de laine ou de coton ou mélangés de ces différentes matières.

§ VII.

Procédé et appareil pour teindre et ombrer les châles de laine par M. Vidalin, 1839.

En 1859, un savant teinturier de Lyon, M. Vidalin, avait présenté à l'Exposition des Produits de l'Industrie plusieurs châles de laine teints et ombrés par un moyen particulier. M. Vidalin a imaginé, le premier, de teindre et d'ombrer le milieu et les quatre coins d'un châle par un nouveau mode de pliage et par un procédé mécanique.

Il résulte de l'inspection du dessin qui nous a été adressé par M. Vidalin, que son procédé consiste en deux opérations successives (voir planche V, fig. 2 et 5).

On accroche d'abord, les quatre coins du châle sur un cadre circulaire en fer garni sur le pourtour de quatre crochets en métal. On plonge ce cadre graduellement dans le bain de teinture à l'aide d'une corde que l'on enroule plus ou moins sur un cylindre, en tournant une manivelle, et on l'agite continuellement de manière à ombrer le tissu. On accroche ensuite le milieu des châles, et on en teint les quatre coins auxquels sont attachées des balles de plomb.

§ VIII.

Machines et systèmes pour teindre, rayer et ombrer les rubans, les étoffes de soie et autres. (Brevet pris par M. Giraud, le 12 février 1840.)

A peu près à la même époque où M. Vidalin teignait ainsi, M. Giraud, teinturier à Saint-Étienne, avait déjà conçu l'idée de la teinture ombrée sur des étoffes de soie et autres avec une, deux ou trois rayures de couleur différente, et au moyen de l'immersion partielle du tissu, dont les deux lisières sont enroulées et accrochées en spirale sur deux cadres circulaires ou rectangulaires, parallèles et montés sur le même axe (fig. 1).

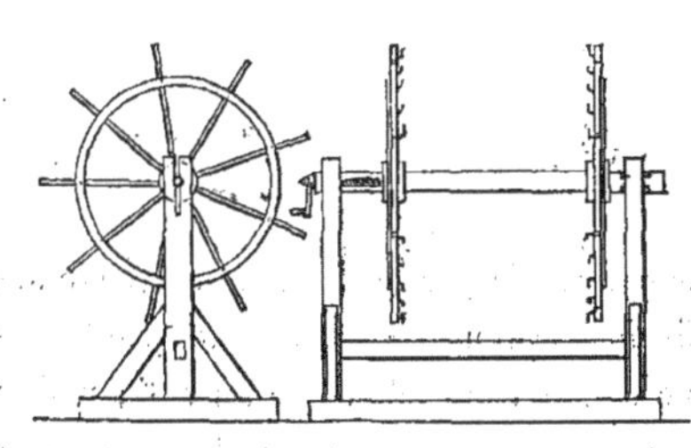

Figure 1.

M. Giraud a pris, le 12 février 1840, un brevet d'invention pour ce nouveau système de teinture ; et, le 14 octobre 1844, il a pris un certificat d'addition pour un appareil, déjà construit en 1859, qui réunit les deux principes suivants, qui font l'objet ou la base principale de tous les procès actuels en contrefaçon, savoir :

1° Le trempage partiel et perpendiculaire du ruban ou du tissu plié ou non plié dans le bain de teinture ;

2° L'enroulement alternatif et successif du tissu sur deux cylindres parallèles et verticaux, cylindres qui régularisent l'action capillaire du tissu, l'un des éléments principaux de la teinture des étoffes ombrées (voir planche IV, fig. 5 et 6).

§ IX.

Invention de la teinture ombrée par l'immersion d'une partie seulement du ruban. — Invention d'un appareil pour enrouler l'étoffe.

C'est pour une machine semblable à celle de M. Giraud et comprenant les mêmes organes mécaniques, que MM. Barallon et Forissier ont demandé un brevet d'invention de dix ans, le 25 novembre 1839 ; mais il faut dire aussi qu'ils ont bien perfectionné la première idée de M. Giraud, en ajoutant à sa machine des baguettes à coulisses sur lesquelles glisse l'étoffe, et qui permettent de ne plonger successivement qu'une partie de sa lisière. Ces baguettes, suivant l'un des considérants du jugement rendu par le Tribunal correctionnel de Saint-Étienne, au profit de Barallon contre Giraud, sont essentiellement constitutives d'une création nouvelle. Cela est vrai ; mais nous ajouterons, à notre tour, qu'on peut encore teindre et ombrer les étoffes en employant tout simplement des baguettes fixes.

Il suffit, dans ce cas, d'incliner plus ou moins la cuve de teinture en serrant ou desserrant des vis placées sur le devant de la machine.

Au résumé, M. Giraud a pris lui-même, le 14 octobre 1844, une addition à son brevet principal en date du 12 février, pour un mécanisme qui simplifie, comme il le dit dans sa description, le travail et en augmente la régularité.

La simple inspection du dessin (pl. IV, fig. 5 et 6) fait parfaitement comprendre que le procédé de M. Giraud consiste à tremper légèrement la lisière du tissu dans le bain de teinture, qui monte et s'élève en vertu de la capillarité du tissu ; la couleur diminue d'intensité en s'élevant, et forme ainsi l'ombré qui s'achève par l'enroulement sur les bobines n° 7.

Depuis, MM. Jourdan frères, de Cambray, se sont approprié l'idée-mère et originale de MM. Giraud et Barallon, *pour teindre, rayer et ombrer des tissus de laine et autres par l'immersion partielle* et continue, suivie d'un enroulement qui aide et régularise la dégradation de la teinture. Ces habiles fabricants ont pris aussi un brevet d'invention, le 8 novembre 1844, pour le même système de teinture et une machine bien différente, sans doute, de celle de M. Giraud, quant à l'emploi et à l'agencement de certains organes mécaniques.

C'est en conséquence de l'obtention de leur brevet que MM. Jourdan ont fait saisir et condamner récemment M. Descat, de Roubaix, comme contrefacteur de leur système, comme ils l'appellent.

Mais, M. Barallon ou Giraud, à son tour, ne serait-il pas fondé à attaquer MM. Jourdan comme contrefacteurs, puisqu'ils emploient le même système, de régulariser la teinture ombrée par un enroulement continue et alternatif sur deux cylindres parallèles ?

Ce nouveau procès en contrefaçon aurait une apparence de vérité et de justice que n'a pas celui intenté par M. Jourdan contre MM. Descat, qui ont employé une machine donnant, il est vrai, les mêmes résultats industriels, c'est-à-dire les rayures ombrées qui sont du domaine public, mais à l'aide de moyens mécaniques ou de principes physiques très différents.

Voilà les points essentiels à faire connaître, et que nous discuterons dans une note spéciale.

§ X.

Origine des rayures fondues et imprimées.

L'idée première de cette pratique paraît appartenir à un fabricant de feuilles d'éventails. Du moins MM. Audoin et Duvelleroy ont livré au commerce, vers l'année 1825, des feuilles d'éventails imitant l'arc-en-ciel et imprimées au moyen d'une brosse imprégnée de diverses couleurs que l'on promenait circulairement sur une feuille de papier ou un morceau d'étoffe.

A cet effet, l'une des extrémités de la brosse était armée d'une pointe en fer formant pivot.

Vers l'année 1827, M. Spœrlin, manufacturier à Vienne (Autriche), appliqua ce procédé pour faire des fondus ou ombrés linéaires sur papier peint et sur les toiles de coton. Plus tard, MM. Zuber et comp., de Mulhouse, ont perfectionné ce procédé, et l'on trouve dans le rapport du jury de l'exposition de 1854, à l'article *Papier de tenture,* des considérations générales sur les importants progrès qu'avait fait alors cette industrie. Nous empruntons le passage suivant qui est d'une grande importance pour l'histoire des fondus sur papier et sur étoffe :

« *En même temps la mécanique et la chimie ont réuni leurs moyens*
« *pour obtenir des résultats nouveaux et presque inespérés. On a trouvé*
« *le secret d'appliquer, soit avec la brosse, soit par impression, des*
« *teintes dégradées et fondues les unes dans les autres.* . . . . . .
« . . . .
« . . . .

« *C'est à M. Zuber et comp. qu'on doit les perfectionnements dont*
« *nous venons d'offrir l'énumération.* . . . .
« . . . .
« . . . .

« *La dégradation des couleurs par un moyen mécanique est une décou-*
« *verte importante qui présente un vaste champ aux combinaisons des*
« *artistes. Dans l'immense paysage que MM. Zuber ont exposé cette*
« *année, paysage d'un goût pur et remarquable, on a fondu, par un*
« *procédé mécanique, les teintes des ciels et des montagnes, ainsi que*
« *les nuances vaporeuses et les tourbillons de poussière soulevée par les*
« *pieds des chevaux ; cet exemple donne l'idée du parti que l'on peut ti-*
« *rer d'une si belle invention.* »

*En 1832, M. Camille Kœchlin a publié, dans le bulletin n° 28 de la
Société de Mulhouse, le dessin et la description de deux appareils pour
l'impression de plusieurs couleurs formant un fond de rayures, soit
droites, soit fondues.*

L'un de ces appareils, inventés vers l'année 1828, en Angleterre,
par M. Alfred Thomas, n'est autre chose qu'une bassine divisée en
plusieurs compartiments égaux et parallèles, destinés à recevoir chacun des couleurs différentes qui s'écoulent directement sur l'étoffe
qui passe au-dessous (Voir planche Ire, fig. 10).

L'autre machine (même planche, fig. 25), inventée par M. Camille Kœchlin, en 1851, est composée d'une série de petits tubes qui viennent tous aboutir sur un seul tube horizontal, percé de petits trous, correspondant aux rayures que l'on veut avoir. L'étoffe, en passant sur ces trous, reçoit les couleurs qui se projettent sur elle par ascension, en vertu de la loi de l'équilibre des liquides ou du jet d'eau.

Au mois d'août 1844, MM. Colombe et Lalan ont pris un brevet pour un ombreur mécanique qui réunit, il est vrai, plusieurs éléments connus, savoir : 1° la bassine de M. Alfred Thomas, mais considérablement perfectionnée, et composée d'organes mécaniques nouveaux qui permettent de régler et d'intercepter à volonté l'écoulement des couleurs.

2° Un drap sans fin, qui reçoit les couleurs qui s'écoulent par les orifices de la bassine placée au-dessus ;

3° Enfin, deux brosses juxta-posées, dont l'une est fixe et l'autre mobile, pour unir et fondre les rayures les unes dans les autres.

Ces rayures fondues sont distribuées ainsi par le simple frottement du drap sans fin sur le cylindre gravé, qui les transmet ensuite à l'étoffe par le simple frottement de rotation et de roulement.

M. Léon Godefroy, imprimeur sur étoffes à Puteaux, a pris aussi un brevet d'invention le 22 octobre 1844, pour une machine qui renferme la même idée fondamentale, c'est-à-dire la bassine de M. Thomas, pour faire les fondus mécaniquement ; mais il a apporté à cette bassine un perfectionnement réel, consistant dans l'emploi de plusieurs robinets, posés parallèlement sur le fond de la bassine, dont les clefs sont mues solidairement à l'aide d'un levier unique.

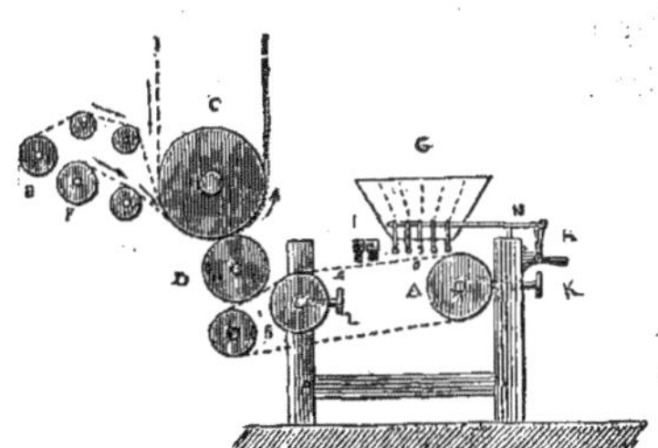

Figure 2.

La gravure sur bois (fig. 2) représente tout à la fois la bassine de M. Godefroy, vue du côté des robinets et du levier solidaire, et la coupe verticale de l'appareil complet de MM. Colomb et Lalan, dont nous avons parlé plus haut.

Pour ne rien omettre de ce qui peut intéresser et faire connaître le jeu de ces deux appareils, vraiment manufacturiers, nous emprunterons au *Dictionnaire des Arts et Manufactures*, page 2069, la description que nous en avons donnée dans le temps.

« G, bassine divisée dans sa longueur en cinq compartiments égaux
« et parallèles, qui renferment autant de nuances différentes et dis-
« posées les unes à côté des autres, de manière à pouvoir former sur
« l'étoffe des zones parfaitement dégradées.

« Cinq robinets posés parallèlement sur le fond de la bassine
« correspondent chacun à un compartiment de couleur.

« Le boisseau de chaque robinet est percé dans sa longueur de
« plusieurs trous rectangulaires, à des distances égales et détermi-
« nées, comme on les trouve dans la bassine de M. Thomas ; c'est à

« l'aide de ces robinets qu'on règle l'écoulement des couleurs, en
« raison de l'intensité de la dégradation que l'on veut avoir, et sur-
« tout de la fluidité des couleurs d'impression. Pour cela, on tourne
« plus ou moins chaque boisseau de robinet, dont l'extrémité est
« accrochée à des leviers perpendiculaires et distincts, que l'on en-
« grène à la distance convenable sur des bielles ou crémaillères ho-
« rizontales N. Ces bielles, qui sont retenues fixement avec les leviers
« des robinets, au moyen des ressorts à boudin, s'assemblent sur
« une bascule, laquelle sert à faire mouvoir simultanément tous
« les robinets, lorsqu'on appuie la main sur la poignée ou *ma-*
« *nette* H.

« O, drap sans fin, qui reçoit les couleurs qui tombent par
« les trous rectangulaires des robinets, et les fournit au cylin-
« dre D.

« II, deux brosses en poils de sanglier qui frottent sur le drap sans
« fin, et qui servent ainsi à étendre et à unir la couleur ; l'une de
« ces brosses éprouve un mouvement de va-et-vient qui a pour objet
« de fondre les nuances les unes dans les autres, et l'autre qui est
« fixe sert pour les égaliser.

« Pour opérer, l'imprimeur qui est chargé de conduire la machine
« au rouleau saisit avec la main la poignée H, il l'abaisse lestement
« une ou plusieurs fois pour ouvrir simultanément tous les robinets,
« et essayer ainsi si les couleurs s'écoulent bien également et unifor-
« mément sur le drap sans fin.

« Lorsque l'écoulement des couleurs est bien réglé par l'impri-
« meur, on fait marcher la machine. Pendant l'opération, le tireur
« appuie de temps en temps sur la manette H pour fournir la cou-
« leur au drap sans fin.

« Cette manière de fournir la couleur au drap sans fin, par inter-
« mittence, est excellente et rigoureuse pour obtenir une impression
« nette et uniforme »

La description de la bassine de MM. Colomb et Lalan, ou de celle
de M. Godefroy principalement, a une grande importance dans la
question des rayures ombrées. Nous verrons plus tard que c'est la
même bassine dont M. Jourdan se prétend le seul inventeur pour
teindre et ombrer les étoffes épaisses.

Il nous reste à citer, pour compléter notre exposé, les noms des
fabricants qui ont pris des brevets d'invention exclusivement pour
des procédés et appareils propres à faire mécaniquement des rayures
ombrées, soit par l'impression, soit par la teinture :

Barallon , brevet pris le 25 novembre 1839 et délivré le 11 août
   1844.

Giraud, brevet pris le 12 février 1840 et délivré le 25 août 1840.

Zuber, brevet pris le 15 octobre 1845.

Colomb et Lalan, brevet pris le 16 août 1844.

Léon Godefroy, brevet pris le 22 octobre 1844.
   1re addition, le 27 août 1845.
   2e addition, le 1er octobre 1845.

Jourdan, brevet pris le 8 novembre 1844.
   1re addition, le 4 décembre 1844.
   2e addition, le 5 avril 1845.
   5e addition, le 5 juin 1845.
   4e addition, le 8 novembre 1845.

Jules Joly, brevet pris le 21 janvier 1845.
   1re addition, le 17 mars 1845.
   2e addition, le 22 avril 1845.

5ᵉ addition, le 5 août 1845.
4ᵉ addition, le 22 décembre 1845.

Charles Depoully, brevet pris le 21 janvier 1845.
1ʳᵉ addition, le 12 mai 1845.
2ᵉ addition, le 5 juin 1845.

Broquette, brevet pris le 4 mars 1845.
Chalamel, brevet pris le 2 mai 1845.
1ʳᵉ addition, le 10 mai 1845.

Bousquet, brevet pris le 14 mai 1845.
1ʳᵉ addition, le 27 mai 1845.

Lamorinière et Gonhin, brevet pris le 28 mai 1845.
Birman et Schultz, brevet pris le 51 mai 1845.
1ʳᵉ addition, le 29 juillet 1845.

Colomb et Lalan, brevet pris le 11 juin 1845.

Descat, brevet pris le 2 août 1845.
2ᵉ brevet, le 27 août 1845.
5ᵉ brevet, le 17 septembre 1845.

Descat, brevet pris le 2 août 1846.
Royer, brevet pris le 22 août 1845.
Black, brevet pris le 25 octobre 1845.
Paul Godefroy, brevet pris le 22 novembre 1845.

Cette nomenclature est longue, et encore craignons-nous de n'avoir pas tout dit.

IMPRIMERIE DE GUSTAVE GRATIOT, 11, RUE DE LA MONNAIE.

DESCRIPTION ET COMPARAISON

MACHINES ET PROCÉDÉS

*Propres à teindre ou imprimer mécaniquement, rayer et ombrer
les étoffes de laine et autres sans envers.*

Il est loin de notre pensée, cependant, de décrire toutes les machines actuellement brevetées, sans garantie du gouvernement bien
entendu, qui ne sont pas encore exploitées, ou qui ne sont pas sus-
ceptibles de l'être (légalement parlant). Nous parlerons seulement
des machines de MM. Zuber, Jourdan, Léon Godefroy, qui fonc-
tionnent aujourd'hui, et de celles de MM. Descat, Colomb et
Lalan, qui sont l'objet de poursuites en contrefaçon de la part de
M. Jourdan.

Outre ce que nous avons dit dans la note qui précède, sur l'origine
de la teinture ombrée par le trempage, et sur l'emploi de moyens mécaniques pour les produire, il faut faire remarquer qu'on imprime
à chaud à l'aide de un ou plusieurs cylindres ou rouleaux qui dis-
tribuent le liquide colorant sur l'étoffe, et exerçent en même

1

temps une certaine pression propre à le faire pénétrer jusque dans l'intérieur des fibres.

L'invention elle-même de la teinture, par un procédé mécanique, paraît remonter à une époque déjà ancienne; et Duchesne nous apprend dans son dictionnaire de l'industrie, éd. 1800, tome 6, page 222, que Mussy a annoncé, en 1759, une machine pour teindre les toiles et les étoffes très promptement; malheureusement nous ne connaissons pas les organes qui composaient cette machine, et nous sommes réduits ainsi à ne citer que l'annonce qui en a été faite dans les feuilles publiques.

§ I.

En 1799, Gratrix, de Hulme, prit une patente en Angleterre *pour une machine, pour faciliter la teinture des cotons, des toiles, des étoffes de fil et coton.*

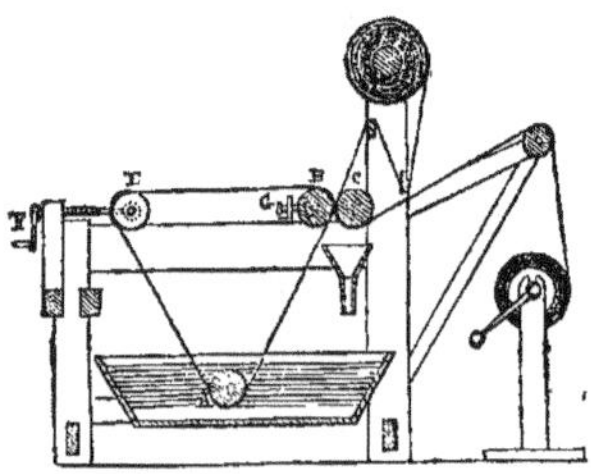

La figure ci-dessus représente la coupe de cet appareil que nous avons copié exactement sur la gravure publiée dans le tome 7, planche 5, des Annales des Arts et Manufactures, page 128.

Néanmoins, par un oubli du dessinateur, les différentes pièces n'ont pas été numérotées comme dans la gravure originale; et il est facile pourtant de suivre et de comprendre la description donnée par O'Reilly :

1, cadre ou châssis de la machine.

2, nappe d'étoffe ou de feutre (ABE) qui conduit la liqueur ou la gomme à la pièce d'étoffe destinée à être teinte.

3, caisse ou réservoir rempli de la liqueur.

4, autre caisse terminée en entonnoir qui reçoit la liqueur superflue, laquelle retombe de nouveau dans le réservoir 3.

5, 6 et 7, trois rouleaux ABE, sur lesquels passe la nappe de feutre 2, en traversant le réservoir rempli de la liqueur.

8, 9, deux vis de rappel FG, traversant deux écrous fixés dans les montants qui se trouvent emmanchés sur le derrière du châssis 1; les extrémités de ces vis sont rivées de manière à pouvoir tourner dans des poupées d'un châssis de fer coudé; *à travers ces coudes passent les axes du cylindre* 6 ou E; sur les têtes de ces écrous on place deux manivelles 8 ou F, servant à tourner ces vis, afin de donner la tension nécessaire à la nappe de feutre 2.

10 et 11, ou G, vis traversant deux équerres en fer boulonnés sur les traverses de dessus du cadre de la machine: les extrémités de ces vis sont combinées avec les coussinets où tournent les axes du cylindre 7 ou C. En avançant ou en reculant les vis 10 et 11, ou G, on peut avancer à volonté le cylindre 7 ou B contre le cylindre 12 ou C.

12, cylindre C dont l'axe est surmonté d'un volant à manivelle, qui donne le mouvement à la machine; *c'est entre ce cylindre et le rouleau* 7 *ou B que passe la pièce destinée à être teinte.*

13, volant en fer avec sa manivelle; la circonférence est en plomb pour donner plus de chasse, et pour faciliter la main-d'œuvre.

14, *rouleau* (celui du haut) *sur lequel s'enroulent les étoffes.*

15, traverse arrondie sur laquelle passe l'étoffe avant de tourner à l'entour du cylindre 12 ou C : *cette traverse est destinée à donner la tension nécessaire à la toile, de peur que la pièce ne glisse trop librement ;* on la fait encore passer sur une seconde traverse plus bas que le rouleau 15 (celui du haut), *comme on le voit dans la coupe,* dont les chanfreins sont abattus.

16, autre *rouleau* (celui à droite de la machine) *destiné à retirer la pièce* à mesure que l'opération s'achève ; ce rouleau est mû par une courroie traversant une poulie fixée à l'autre extrémité du cylindre 12 ou C, et qui lui donne le mouvement nécessaire ; on n'a ni indiqué cette poulie, ni la courroie dans le dessin, non plus que les deux pièces d'écharpe qui contiennent le rouleau 16, et qu'on voit à droite de la coupe en bas de la page.

Et O'Reilly ajoute, page 155 : « Il nous paraît que cet instrument,
« qui est d'ailleurs peu dispendieux, présente beaucoup d'avantages
« dans les manipulations, et *nous ne voyons pas pourquoi M. Gratrix*
« *n'a pas appliqué une pareille disposition au-dessus des cuves scellées*
« *dans la maçonnerie ;* c'est une idée que nous abandonnons à l'intel-
« ligence des artistes.

« Nous observons enfin que la marche de cette machine est simple ;
« la liqueur est portée par la nappe de feutre contre la toile qui passe
« entre les cylindres 7, B et 12, C ; *de là, la masse de la liqueur gom-*
« *mée, accumulée sur la toile,* la pénètre complétement jusqu'aux
« dernières fibres, et en passant entre les cylindres, tombe par l'en-
« tonnoir dans le réservoir d'où elle est sortie. Nous avons indiqué
« par des lignes ponctuées l'espèce de bourrelet que la liqueur forme
« entre les cylindres. Au reste, l'auteur garantit par sa propre expé-
« rience l'utilité de cette machine. »

§ II.

Toutefois il ne nous paraît pas démontré que l'appareil de Gratrix ait été employé en France ; et M. le comte de La Boulaye Marillac est bien certainement le premier, qui ait imaginé et publié un appareil et des *procédés mécaniques* à l'aide desquels on peut teindre en toutes couleurs toutes espèces d'étoffes en pièce. Il prit un brevet d'invention de 15 ans, le 10 février 1820.

Laissons parler ici l'auteur : « Ces nouveaux procédés consistent « à faire passer le drap entre deux ou quatre cylindres plus ou moins « rapprochés et fixés à leurs deux extrémités par des vis de pression, « de manière que le drap, successivement resserré dans la plus petite « dimension de son épaisseur, abandonne toute l'eau dont il est « abreuvé dans son intérieur, lorsqu'il passe entre les cylindres, et « qu'il repompe en place le bain chargé de mordant et de parties « colorantes. » . . . .

. . . .

(Voir le dessin de cette machine pl. IV, fig. 1 et 2 ; extrait de la pl. 10, du tome 29, page 82 des *Brevets expirés*).

« 4° *J'observe enfin, que les deux rouleaux adaptés hors du bain sur* « *la chaudière, de chaque côté des cylindres, sont indispensables quand* « *on veut teindre tout l'intérieur de l'étoffe aussi profondément que la* « *surface.* »

Et en voici la raison :

Si le drap restait plongé dans le bain, les points de sa surface se trouveraient alors plus en contact que ceux de l'intérieur avec les molécules colorantes ; et par conséquent, en absorberaient davantage. . . . .

« 5° Ce que je viens d'observer dans l'article précédent a lieu de
« même pour les draps de toutes autres couleurs que l'on veut tein-
« dre en pièce aussi profondément dans le centre qu'à la surface,
« avec le bouillon d'alun. *Aussi, on doit employer les deux rouleaux*
« *ou tours latéraux qui sont au dessus du bain et de chaque côté de*
« *l'appareil à cylindre, et faire voyager de l'un à l'autre le drap entre*
« *deux ou quatre cylindres plongés dans le bain.* »

M. de La Boulaye ajoute, après avoir donné la description de son
appareil, page 87 :

« Les parties principales de cet appareil sont les deux vis de rappel
« et de pression E, qui servent à rapprocher ou à maintenir les cy-
« lindres à égale distance et plus ou moins près à volonté, suivant
« l'épaisseur du drap ou de l'étoffe à teindre, les deux échelles de gra-
« duation, et le calibre parfaitement juste des cylindres ; les gorges
« de la grande zone et de la poulie, *qui, par le moyen de la corde sans*
« *fin ou de la chaîne en cuivre à la Vaucanson, mettent les cylindres en*
« *mouvement, et les deux tours ou rouleaux de bois cannelé sur les-*
« *quels s'enroule alternativement la pièce de drap, pendant qu'elle*
« *voyage entre les cylindres de l'appareil intermédiaire.*

« *Quant aux tours ou rouleaux, je n'ai pas cru devoir les faire dessi-*
« *ner, parce que, les employant depuis longtemps dans la teinture, ils*
« *sont bien connus* (1). »

« Mais, par rapport aux cylindres, j'observerai :

« 1° Que leur dimension en longueur doit dépendre de la largeur
des pièces de drap ou d'étoffe. . . . .
. . . .

(1) Ces rouleaux sont représentés dans le dessin qui accompagne cette note,
(R. de L.).

« 6° *Que les doubles cylindres peuvent être placés tantôt horizontale-*
« *ment, tantôt verticalement.* . . . . ,

« 7° *Enfin, on pourra, si on le juge convenable, substituer à la compres-*
« *sion instantanée, que les doubles cylindres procurent à l'étoffe, une com-*
« *pression tout aussi forte, mais divisée en intervalles d'une quantité*
« *prodigieuse de petits teints successifs, telles que seraient celles qui ré-*
« *sulteraient de l'élasticité d'une ou plusieurs couches de drap dont on*
« *aurait enveloppé les cylindres. On choisira de ces deux systèmes de*
« *pression, ou de tout autre, celui que l'expérience indiquera comme étant*
« *le meilleur.* »

Si l'on consulte les brevets pris par M. Giraud, le 11 octobre 1822, *pour un mécanisme propre au décreusage et à la teinture des rubans et étoffes de soie grège* (Voir tome 38, page 73 des *Brevets expirés*), et principalement le certificat d'addition délivré le 28 novembre 1855, on y retrouvera encore des rouleaux horizontaux placés au dessus des bains de teinture, et sur lesquels on enroule et déroule alternativement l'étoffe en la faisant passer à travers le bain de teinture sous un ou plusieurs cylindres placés horizontalement dans le fond de la chaudière.

Le mécanisme, perfectionné depuis par M. Giraud, est représenté (planche IV, fig. 3 et 4), accompagné d'une description que nous avons extraite d'un rapport d'experts, dressé en vertu d'un jugement du tribunal correctionnel de Saint-Étienne, en date du 14 décembre 1844 (Voir pièces justificatives, *Extrait du rapport*, page 14, § 5).

Les faits témoignent donc suffisamment :

1° Que l'idée-mère de la teinture unie, à froid ou à chaud, par la pression partielle ou totale de l'étoffe entre deux ou plusieurs cylindres, comme dans la machine de MM. Gratrix et Marillac, ou sur des cylindres placés au fond de la cuve de teinture, comme dans l'appareil de M. Giraud, que la teinture unie par pression, disons-nous, était déjà *connue et employée* (Voir les machines de Gratrix, Marillac et Giraud).

2° Que l'emploi des cylindres d'appel , et pour enrouler la pièce à teindre, existe dans les mêmes machines.

3° Que les barres et cylindres dits *de contrainte* pour presser et tenir la pièce au large, ont été employés principalement par Gratrix et Giraud.

4° Enfin, que le mode de teindre *les étoffes à fond ou sans envers, et par plusieurs teints ou passages successifs de l'étoffe dans le bain de teinture , a été indiqué et pratiqué en grand* par Gratrix, Marillac et Giraud.

Quant à ces quatre points, M. Jourdan ne peut donc réclamer le mérite et la priorité de l'invention ou de l'application, ou, pour nous servir de ses expressions, *de les avoir industrialisés pour l'obtention des rayures ombrées.* Il peut, tout au plus, prétendre au mérite de les avoir empruntés le premier aux brevets de MM. Barallon, Forissier et Giraud, qui, comme nous l'avons dit précédemment, ont pris chacun *un brevet pour un mécanisme (composé de cylindres d'enroulements, et de tiges ou barres de contrainte) propre à teindre, rayer et ombrer les rubans et étoffes de soie grège et autres* (voir pl. IV, fig. 5 et 6). Voilà le fait relaté et constaté, d'ailleurs, par le rapport des experts de Saint-Étienne et par le jugement rendu par le Tribunal correctionnel (voir pièces justificatives, pages 12, 15 et 28).

Quant à ce nouveau genre d'emprunt, *d'invention ou d'application nouvelle,* comme M. Jourdan l'appelle, nous ne trouvons pas dans la loi sur les brevets un article qui accorde à celui-ci le droit exclusif de l'exploiter à son profit, et à l'exclusion de M. Giraud et de son cessionnaire, M. Descat.

Eh bien ! c'est avec cet emprunt, ces rouleaux d'appel déjà connus et brevetés, adaptés horizontalement à l'appareil à l'aide duquel il teint et ombre mécaniquement les étoffes de laine, que M. Jourdan prétend au droit d'interdire à M. Descat et autres, toute application de ces rouleaux, quand même ils seraient joints à un mécanisme différent du leur !

Il nous semble que ce droit est mal fondé, pour ne pas dire injuste, et nous doutons qu'il existe en France un seul tribunal pour le sanctionner par un arrêt motivé.

Au contraire, nous ne désespérons pas d'apprendre un jour qu'un jugement reconnaît, à MM. Giraud et à ses concessionnaires, le droit d'appliquer le principe de la perfection de la teinture des étoffes ombrées par l'enroulement alternatif et continu de celles-ci sur des cylindres d'appel parallèles, horizontaux ou verticaux à volonté.

Au reste, le principe de l'enroulement mécanique de l'étoffe, pour régulariser la teinture ombrée, est décrit très clairement dans le certificat d'addition pris par M. Giraud, le 14 octobre 1844; et l'article I de la loi lui garantit sans contestation sérieuse le droit de l'exploiter.

Ce droit est encore appuyé par l'article XIX de la même loi, que nous nous empressons de publier :

« Quiconque aura pris un brevet pour une découverte ou applica-
« tion se rattachant à l'objet d'un autre brevet, n'aura aucun droit
« d'exploiter l'invention déjà brevetée, et réciproquement, le titulaire
« primitif ne pourra exploiter l'invention objet du nouveau brevet. »

Or, n'est-ce pas principalement pour une machine propre à teindre, rayer et ombrer les étoffes de toute espèce, *par un système de pression partielle et continue que M. Jourdan a pris un brevet le 8 novembre 1844.*

Ainsi l'objet de l'invention réelle de M. Jourdan, c'est la teinture opérée par la pression partielle et continue, c'est là par conséquent l'objet unique de brevet; et M. Jourdan ne peut prétendre à l'exploitation privilégiée d'un autre mécanisme, d'un autre procédé qu'il n'a pas décrit, parce qu'il ne l'a pas prévu d'abord : par exemple, celui de l'idée mère et fondamentale de la teinture ombrée, idée déjà brevetée au nom de MM. Barallon et Giraud, et qui consiste *à régulariser le développement de la capillarité au moyen de l'enroulement de l'étoffe imprégnée de colorant chaud.*

Admettant ensuite les effets de cet enroulement qui est suffisant à lui seul pour constituer une invention, la validité du brevet de Giraud, nous devons faire remarquer que la pièce est enroulée et pressée dans toute sa longueur, comme cela est indiqué dans les machines de Gratrix, Marillac et Giraud.

Disons donc et proclamons bien haut que la pression produite par *l'enroulement de l'étoffe est totale*, et par conséquent différente et opposée au système de pression partielle pour laquelle M. Jourdan a pris un brevet d'invention.

Le système d'amélioration ou d'invention de M. Jourdan, nous le répétons, c'est la pression partielle et continue ; l'objet principal de son brevet, *c'est la teinture ombrée* par pression partielle, et non pas *par la pression totale* de l'étoffe enroulée sur des cylindres horizontaux ; pression et enroulement qui sont du domaine public, ou au moins la propriété de Barallon et de Giraud.

Profondément pénétrés de cette idée que l'enroulement de l'étoffe est la propriété de tous ou de Giraud seul, nous sommes fondés à conclure que M. Jourdan ne peut réclamer l'exploitation privilégiée de cette application ; et que, pour ce cas, son action correctionnelle contre MM. Descat est irrecevable et mal fondée.

Au résumé, nous ne pouvons mieux défendre notre opinion qu'en décrivant la machine brevetée de M. Jourdan, ainsi que les différents appareils que celui-ci considère comme étant la contrefaçon de la sienne.

I. DESCRIPTION DES MACHINES PROPRES A TEINDRE OU IMPRIMER DES RAYURES OMBRÉES

AU MOYEN D'UNE BASSINE CONTENANT LA COULEUR QUI AGIT DIRECTEMENT SUR L'ÉTOFFE QUI PASSE DESSOUS, EN VERTU DE LA LOI DE LA GRAVITATION.

(Planche III, fig. ACDEI.)

A. Machine de MM. ZUBER ET Cie.

(Brevet pris le 15 octobre 1843.)

Le principe de cette machine consiste en un godet allongé de la largeur de la pièce à rayer. Le godet est muni à la partie inférieure de petites ouvertures ou fentes, à travers lesquelles passe la couleur contenue dans le godet, pour se répandre sur l'étoffe ou sur le papier, que l'on fait glisser entre le godet et un coussin élastique. Chaque ouverture du godet fait une traînée de couleur qui forme rayure sur l'étoffe ou le papier qui passe dessous, et en donnant un mouvement de va-et-vient au godet, on peut également faire des lignes ondulées.

En formant des compartiments dans le godet, on peut faire des rayures d'un nombre indéterminé de couleurs différentes; on obtient aussi des effets de couleurs fondues en ne laissant pas d'intervalle entre les ouvertures du godet.

Description de l'appareil.

Planche III. — *Fig. A. Coupe de face suivant la ligne XX.*

A, Bâti solide en bois de chêne allongé d'une table d'une largeur convenable.

B, Support en fer forgé qui porte d'une part le rouleau C, et de l'autre E. le bras de levier sur lequel est fixé F le godet à couleur.

G, Vis de rappel qui sert à déterminer la position du godet à couleur relativement au coussin sur lequel il repose.

H, Coussinet élastique qui, suivant le travail qu'on fait, est formé d'une quantité de draps superposés, ou, comme H', d'un drap tendu sur une caisse en fonte, ou enfin, comme H'', d'un cylindre en colle forte recouverte d'une toile cirée.

I, Caisse servant à recevoir des rouleaux de papier ou d'étoffe, quand on ne les enroule pas sur le cylindre C.

K, Tambour ou cylindre sur lequel s'enroule la corde qui sert à tirer l'étoffe ou le papier au moyen d'une pince plate.

L, Autre tambour sur lequel on peut enrouler l'étoffe, soit immédiatement après l'avoir rayée, soit après l'avoir passée dans une étuve pour sécher l'étoffe ou le papier.

ZUBER et Cie.

B. Brevet demandé par M. LÉON GODEFROY, de Puteaux, le 22 octobre 1844, pour Appareil propre à diviser ou dégrader à volonté les couleurs, applicable à toute espèce d'impression. (Voir *Pl. II, fig. 4.*)

La boîte A est garnie des diverses couleurs que l'on veut employer, et qui sont réparties dans les diverses compartiments A'A'. *Ces couleurs se dirigent vers l'ouverture dans les caniveaux* D. Lorsque les cylindres sont fermés, c'est-à-dire que les orifices OO sont tournés de côté, de manière à ne pas livrer passage à la couleur, les choses restent en cette état.

Maintenant, que l'on veuille faire usage de l'appareil on le place sur un grand châssis d'imprimeur. *On a préalablement réglé la longueur de la courbe que l'on veut faire parcourir aux cylindres, en raison de l'effet que l'on désire obtenir : cette longueur sera déterminée par les divers points d'action que l'on aura donné aux diverses bielles* H. Les choses ainsi disposées, l'ouvrier saisit la manette I, la lève et l'abaisse à une ou plusieurs reprises et charge son châssis suivant le besoin :

Les couleurs descendent dans les proportions commandées par les dispositions ci-dessus.

« L'opération de l'impression continue à la manière ordinaire, et « quand il s'agit de recharger de nouveau le châssis on procède comme « il a été dit ci-dessus. »

PERFECTIONNEMENTS ET ADDITIONS APPORTÉS PAR M. LÉON GODEFROY A SA MACHINE B.

(Planche II, fig. 4.)

C. Appareil pour teindre ou imprimer des zones ombrées.

(Certificat d'addition demandé le 27 août 1845.)

Le perfectionnement faisant l'objet de la présente demande a pour objet de former des zones ombrées ou dégradées, en employant la couleur fournie à froid ou à chaud. La couleur, fournie à froid par des robinets fixés à la boîte ou bassine, est répandue dans des tubes horizontaux percés inférieurement de plusieurs petits trous; *par ces trous la couleur s'échappe sur la pièce, qui dans sa marche frotte sous ces tubes, et elle se dégrade naturellement.* Cet effet est facilité et provoqué par des jets de vapeur qui s'échappent de petits trous percés dans un serpentin qui est placé parallèlement sous les tubes ci-dessus. *On utilise par ce procédé la capillarité de l'étoffe pour dégrader la couleur et la fixer.*

On comprend que la pièce passe entre les tubes à couleur et ceux du serpentin. On agit de la même manière quand on emploie la couleur à chaud; celle-ci se trouve alors chauffée dans la boîte ou bassine au moyen d'un serpentin ou d'un double fond dans lequel circule de la vapeur.

Après avoir donné un aperçu de la nature de mon perfectionnement, je vais à l'aide du dessin ci-joint le décrire en détail.

Description.

AA, Boîte ou bassine contenant la couleur; elle peut être divisée en compartiments quand on veut employer des couleurs différentes; dans ce dernier cas les cloisons seraient placées dans l'entre deux des robinets.

Elle est chauffée, au besoin, par le double fond A dans lequel circule de la vapeur; au lieu de ce double fond on pourrait employer un serpentin.

BB, Robinets adaptés à la bassine A. Dans le cas de division de la bassine en compartiments, un robinet B, correspond à chaque compartiment. C, Tube de distribution percé inférieurement de petits trous par où s'échappe la couleur; ces trous sont indiqués *fig.* 1, où le tube C est supposé transparent. DD, Bouchons en liège formant les extrémités des tubes C et que l'on peut retirer pour les nettoyer.

F, Serpentin, garni d'étoffe (de laine préférablement), pour éviter les taches sur la pièce qu'on imprime.

G, Grand bassin recevant les égouttures de la couleur; cette couleur se réunit à une extrémité du bassin G où elle est chauffée par la vapeur perdue du serpentin, amenée par un tuyau M. On soutire la couleur chaude dans un baquet H, et on la verse dans un réservoir H' placé au-dessus de la bassine A et servant à l'alimenter.

Un petit tuyau I percé inférieurement de petits trous, répand la couleur fournie par le réservoir H' sur toute la longueur de la bassine, afin de ne pas refroidir à une seule place la couleur qu'elle contient déjà.

Dans le cas où la machine fonctionnerait à deux couleurs, le bassin des égouttures G serait divisé en compartiments, ainsi que la poche G. Il y aurait alors deux baquets H; Le réservoir H' serait divisé en deux compartiments dont chacun aurait un tuyau I, qui viendrait rapporter la couleur à chaque caisse de la bassine A.

J, Entrée de la vapeur dans le double fond de la bassine.
K, Sortie de la vapeur de la bassine.
L, Arrivée de la vapeur pour le serpentin.
M, Sortie de la vapeur du serpentin.
N, N, Rouleaux ou barres fixes pour tendre l'étoffe; on attache, pour soutenir la pièce, de petites cordes d'un de ces rouleaux à l'autre entre chaque paire de tubes de distribution C.
O, O, Rouleaux pour enrouler la pièce.
P, Pièce de tissu sur laquelle l'impression est opérée.
Q, Barre en fer fixée au lait et supportant les étriers R R R de la bassine.

Fonctions de l'appareil perfectionné.

Aux bouts de la pièce P sont cousus des morceaux de vieille étoffe que l'on fixe sur l'un et l'autre rouleau O, en la manière ordinaire.

La pièce étant enroulée sur un des rouleaux O on ouvre les robinets B, et on fait circuler la pièce dans toute sa longueur sous les tuyaux C, la couleur qu'ils fournissent se dégrade naturellement et se fixe par l'effet de la vapeur fournie par le serpentin F. On peut passer et repasser la pièce plusieurs fois pour compléter l'impression si on le juge nécessaire.

On pourrait augmenter la longueur de la bassine et le nombre des tubes pour imprimer de la même manière des tissus en grande largeur.

D. Appareil à vapeur pour mouiller l'étoffe, afin de faciliter la dégradation des zones et opérer la fixation de la couleur.

(Certificat d'addition, pris le 1er octobre 1845.)

Je remplace le serpentin placé sous la bassine (voir la description de ma première addition) par une grille a, B, *figure D*, composée de plusieurs pièces ou coins, mobiles à volonté et d'une forme différente, comme la figure le fait comprendre.

Figure D, aa. 7 règles rectangulaires en bois ou en métal d'imprimerie, recouvertes d'une bande d'étoffe ou d'une brosse pour unir la couleur. Ces règles sont en contact avec la portion de l'étoffe qui reçoit directement la couleur tombant de la bassine, par les petits trous percés dans les canaux B.

bbbbbb. 6 règles triangulaires en bois, en métal ou en verre, pour remplacer les cordes, et qui sont destinées tant à la fois à tendre et à réserver jusqu'à un certain point la partie de l'étoffe qui doit former *le clair des zones fondues.*

cc. Deux supports parallèles en bois, et traversé dans son épaisseur par une tringle de fer qui augmente sa résistance. Ces supports sont destinés à recevoir les règles a, B, au moyen des entailles qui y sont pratiquées, à des distances convenables.

dddd. Quatre vis à tête de violon, qui servent à élever ou à abaisser à volonté les supports cc, et à rapprocher l'étoffe des canaux de la bassine; e, e, serpentin en cuivre, placé à l'intérieur de la grille a B, et un peu au dessous. Le serpentin a pour effet unique de projeter de la vapeur sur le milieu des zones formées par la projection de la couleur, afin d'augmenter son affinité, de la dégrader et d'aider à sa fixation. f, robinet pour opérer l'entrée de la vapeur libre. g, autre robinet pour ralentir ou augmenter la sortie de la vapeur, s'il y a lieu.

hh. Deux règles en bois dont les deux faces opposées sont légèrement convexes, et sillonnées de plusieurs rainures divergentes. Ces règles ont pour objet de tenir l'étoffe au large (terme de fabrique) quand on la passe et repasse sous la bassine pour achever la formation et la régularité des zones fondues; on a soin, cependant, de retourner les règles divergentes, selon que l'on passe l'étoffe de gauche à droite ou de droite à gauche.

Il est bien entendu que les divers perfectionnements ne changent pas la méthode que j'ai décrite primitivement de faire les fondus; ces perfectionnements ont pour objet essentiel, savoir :

1° La grille et les deux règles divergentes tiennent l'étoffe au large.

2° Le serpentin projette la vapeur sur le milieu des zones, augmente l'affinité de l'étoffe pour la couleur, et aide, pour ainsi dire, à sa fixation et à sa dégradation plus régulière.

GODEFROY.

E. DESCRIPTION DE LA MACHINE DE M. JOURDAN

Pour teindre mécaniquement, rayer et ombrer les étoffes par un système de pression partielle et continue au moyen de molettes entre lesquelles passe l'étoffe. *(Voir planche II, fig. 1, 2, 3.)*

(Brevet demandé le 8 novembre 1845.)

A, Bâti en bois de support à la chaudière C.
B, Serpentin pour le chauffage du bain de teinture par la vapeur.
C, Chaudière ou bac en bois contenant le bain de teinture chauffé à feu nu où par la vapeur.
DD, Patins servant de coussinets aux cylindres en bois J J.
E, Tringles jumelles supérieures en bois ou métal servant de supports et de coussinets aux molettes supérieures F.
E', Tringles jumelles inférieures servant de supports et de coussinets aux molettes inférieures F. Sur le dessin ci-joint, chaque tringle porte huit molettes, mais l'on peut en augmenter ou diminuer le nombre selon qu'on le juge utile aux qualités de tissus que l'on a à teindre.
F, Molettes supérieures en bois ou métal montées sur axe.
F', Molettes inférieures en bois ou métal montées sur axe.
GG, Patins à coulisses pour le rouleau inférieur.
H, Rouleau intérieur.
I, Main ou crémaille servant de coussinet au rouleau intérieur.
JJ, Cylindres en bois pour l'enroulage des tissus.
KK, Bacs en bois pour recueillir une portion du bain entraîné par la marche du tissu.
L, Robinet et tuyau pour l'entrée de vapeur dans le serpentin.
M, Robinet et tuyau pour régler l'échappement de vapeur du serpentin.
N, Manivelle pour les cylindres JJ.
O, Traverses servant de supports pour le tissu.
P, Tissu enroulé sur les cylindres JJ.

Pour teindre rayé-ombré avec la machine ci-dessus désignée, on commence par enrouler l'étoffe sur l'un des cylindres JJ. On la fait passer entre les molettes inférieures et supérieures, ainsi que sur les traverses O, ensuite sur le rouleau intérieur H, et on la reçoit sur le second rouleau J, auquel on imprime un mouvement de rotation avec la manivelle N. L'étoffe ainsi actionnée fait tourner les molettes inférieures qui plongent en partie dans le bain de teinture, ainsi que les molettes supérieures qui forment pression sur l'étoffe. Les molettes inférieures, par leur mouvement de rotation, entraînent et portent sur l'étoffe une partie du bain de teinture *de telle sorte qu'ayant passé sur les huit rangs des molettes, l'étoffe se trouve assez fortement chargée de bain colorant pour qu'ARRIVANT sur le cylindre J, il s'écarte à droite et à gauche du centre des rayures colorées faites par le passage entre les molettes, une portion de colorant qui forme l'ombré ou dégradation de teinte.* Cette opération se répète alternativement d'un bout du métier à l'autre, *autant de fois qu'il est nécessaire pour obtenir l'intensité de couleur que l'on veut avoir.* Les rayures ombrées peuvent être plus ou moins écartées; il suffit de diminuer ou augmenter le nombre des tringles jumelles E et E pour obtenir ce résultat.

JOURDAN et Cie.

2. **DESCRIPTION DES CHANGEMENTS, PERFECTIONNEMENTS ET ADDITIONS APPORTÉS PAR MM. JOURDAN A LEUR MACHINE D,**
PROPRE A TEINDRE MÉCANIQUEMENT, RAYER ET OMBRER LES ÉTOFFES PAR UN SYSTÈME DE PRESSION PARTIELLE ET CONTINUE.

(Planche III, fig. 1.)

F. Premier certificat demandé le 4 octobre 1844, pour le mode de disposer chaque rangée de molettes sur un seul axe, et pour des changements et perfectionnements à leur machine, qu'ils nomment, disent-ils, *Machine et système* pour teindre *rayé-ombré, par capillarité.*

Les changements et perfectionnements consistent : 1° à substituer dans certains cas pour les étoffes fortes, par exemple, aux tringles jumelles inférieures E' et molettes mobiles inférieures F' de petits arbres en métal portant des molettes analogues à celles F. Ces arbres garnis de molettes sont placés en travers de la chaudière ou baquet sur des tringles ou supports servant de coussinets aux tourillons des arbres.

Les tringles jumelles et molettes supérieures EF se placent alors comme il est désigné dans la première description de la machine de ma- *nière que les molettes F se trouvant placées perpendiculairement au-dessus et en contact avec celles inférieures forment pression sur ces dernières.*

Les molettes F' et celles inférieures sont garnies de drap sur leur cir- conférence à l'effet d'entraîner et déposer sur l'étoffe une plus grande quantité de bain colorant.

La largeur du champ des molettes peut varier selon celle qu'on veut donner aux rayures ombrées. *Ainsi, par exemple, pour obtenir une rayure ombrée de 6 à 8 centimètres il suffira que la largeur du champ des molettes FF soit de 10 à 12 millimètres. La capillarité du tissu à teindre fait élargir et fondre la teinte de foncé à clair et même à blanc sur les bords de la rayure.*

Nous avons aussi garni de drap le rouleau extérieur H et celui H' (que nous avons ajouté à l'appareil) afin d'augmenter l'action colorante de H en déposant sur l'étoffe à teindre une plus grande quantité de bain de teinture.

On se sert de ces rouleaux HH' pour donner à volonté plus ou moins d'intensité à la partie claire de l'ombré; pour obtenir cet effet on met H en contact avec l'étoffe à teindre en l'élevant par les mains I et pla- çant H' dans les coulisses des patins DD, de manière qu'ils soient en contact avec l'étoffe à teindre. Quand la couleur est assez intense on abaisse H en élevant H' (1).

On peut augmenter ou diminuer le nombre de rangs, soit des mo- lettes FF', soit des arbres à molettes, selon l'intensité qu'on veut don- ner à l'effet ombré, et aussi selon la force des tissus à teindre; ainsi, par exemple, pour les étoffes fortes, nous employons 6, 8 et même 10 rangs de molettes F,F' ou d'arbres à molettes; pour une gaze ou étoffe légère, il suffit souvent de 3 ou 4 rangs pour obtenir l'effet voulu.

On peut aussi mettre plus ou moins de rayures ombrées sur l'étoffe à teindre; on peut les écarter ou rapprocher à volonté; il suffit alors d'augmenter ou diminuer le nombre des tringles jumelles EE' portant les molettes F'F' ou d'augmenter le nombre des molettes sur les arbres. . . . .

Les produits de cette machine, c'est-à-dire les étoffes teintes, rayées et ombrées s'appliquent aussi à l'impression, en ce sens que les effets om- brés forment les dessous sur lesquels on imprime à la planche ou autre- ment des dessins à une ou plusieurs couleurs.

(1) Cela revient à dire que l'étoffe doit passer entre les rouleaux H et H' qui doivent être placés sur la même ligne droite que les molettes FF'.　　　　(R. de L.)

G. Deuxième certificat demandé le 5 avril 1845, pour l'addi- tion d'une bassine garnie en dessous de plusieurs robinets que l'on fait mouvoir simultanément au moyen d'un levier unique.

Les additions et perfectionnements consistent à ajouter à la machine déjà brevetée et perfectionnée, un système de robinets ayant pour but de faciliter la teinture ombrée sans envers sur les tissus épais, comme la flanelle foulée, les draps, etc., en distribuant sur l'étoffe et à volonté plus ou moins de bain de teinture.

A', Cuve en bois ou en cuivre, contenant le bain de teinture, et dont le fond est traversé par les robinets C, *fig. 5*, qui sont adaptés sur un bout de la machine, *fig. 1re*, comme il est indiqué en A'.

B, Serpentin de chauffage (*fig. 2* et 5) en cuivre pour chauffer le bain de teinture.

C', 7 robinets à molettes (1) traversant le fond du bac A, disposés de manière à faire suite aux tringles jumelles supérieures E.

D, Sept tiges correspondant aux clefs des 7 robinets C C.... et à la tringle horizontale servant à ouvrir ou fermer les robinets C.

E, Tringle horizontale servant à communiquer un mouvement si- multané aux robinets C, par les tiges D D D D D D D et servant à ouvrir ou fermer à volonté plus ou moins.

Pour teindre rayé-ombré sans envers les étoffes épaisses comme fla- nelle foulée, draps, ou autres étoffes analogues, on procède comme il a été décrit dans notre première demande de brevet.

L'étoffe passant entre les molettes inférieures et supérieures reçoit le bain colorant par projection et en dessous. Le but de l'addition est de fournir à l'étoffe une partie du colorant qui lui est nécessaire (en dessus) afin que, malgré son épaisseur, elle soit entièrement pénétrée de bain colo- rant. A cet effet, on ouvre, autant qu'il est nécessaire, le système de robi- nets, en imprimant à la tringle horizontale un mouvement de droite à gau- che. Pour fermer les robinets, le mouvement doit alors se faire de gauche à droite. Le liquide colorant s'échappe alors par l'ouverture inférieure du robinet, et est reçu par la molette mobile dont se trouve armée la partie inférieure des robinets, afin que le bain soit déposé également sur le tissu par la molette qui se trouve en contact avec lui.

Quand il est nécessaire pour quelques couleurs de déposer le colo- rant sur le tissu au maximum de chaleur, c'est-à-dire bouillant, on *supprime les molettes, et on fait approcher les bouts des robinets* (garnis intérieurement d'une éponge, de manière à ce qu'ils soient en contact direct avec le tissu.

On augmente ou diminue à volonté le nombre des robinets, suivant l'écartement voulu entre les rayures ombrées, ou le plus ou moins de largeur des tissus à teindre.　　*(Copie textuelle du brevet).*

(1) Le dessin *fig.* 2 et 3, par une erreur de l'artiste, n'en indique que 5.　　(R. de L.)

H. Troisième certificat d'addition, pris le 5 juin 1845, pour la disposition de deux cuves de teinture séparées, pour teindre, rayer et ombrer avec deux couleurs à la fois.

Le mécanisme général de la machine reste le même que celui déjà décrit dans les précédentes demandes du brevet principal et pour les additions et perfectionnements. Mais pour obtenir des rayures ombrées de deux couleurs, nous avons substitué à la chaudière ou bac désigné dans nos précédentes descriptions, sous la lettre C, une chaudière ou bac à deux cases ou compartiments dans l'un desquels on met le bain de teinture rouge (par exemple) dans l'autre on met le bain de teinture bleue.　　　　*(Extrait du brevet)*

I. Quatrième certificat d'addition, demandé le 8 novembre 1845, pour l'emploi isolé de la bassine décrite dans le deuxième certificat d'addition, et d'une cuve à vapeur pour faire les couleurs.

Pour se servir de la machine ainsi disposée (1), on en roule l'étoffe que l'on veut teindre rayé-ombré sur un des cylindres en bois E (ou J dans le dessin), et on passe la pièce par l'ouverture laissée entre le bac C et la caisse M à son entrée et à sa sortie (2). Le tissu passe alors sous les robinets J (C dans le dessin) et s'enroule sur le premier cylindre E (ou J dans le dessin).

On chauffe le bain colorant contenu dans la cuve H, au moyen du serpentin I (B dans le dessin); on introduit la vapeur dans le fixage C M, au moyen du serpentin percé de trous B ; on ouvre alors les robinets J (C dans les dessins) à l'aide de la tringle L. (E dans le dessin *fig.* 3.) Le liquide colorant s'échappe alors par les robinets et se dépose sur le tissu qui le reçoit, tout en étant vivement enroulé sur l'un des cylindres E (J dans le dessin), puis sur l'autre. La pièce devant aller et venir autant de fois qu'on le juge nécessaire pour l'intérêt de la teinture ombrée. L'é- toffe recevant aussi le colorant en allant et venant sur les cylindres EE, (JJ dans le dessin) passe et repasse dans la caisse à vapeur C M, se trouve alors en contact avec la vapeur à haute température qui aide le colorant à se fixer sur le tissu.

Les traits rouges et les lettres rouges (3) indiquent les parties nouvelles de l'appareil et aussi le tissu.

Nota. Nous ferons tout particulièrement observer que l'addition de ces boîtes à vapeur n'est, en aucune manière, une chose indispensable pour la fabrication des ombrés sur les étoffes et leur parfaite réussite.

Ce n'est qu'un moyen d'amélioration qui, dans certains cas, peut lé- gèrement accélérer la fabrication.

(1) C'est-à-dire la machine *fig.* 4, pl. II, dont on aurait enlevé et supprimé les tringles E E' et les molettes F F', et sur lesquelles on aurait placé une caisse rectangulaire qui couvrirait entièrement le bac C.

(2) M désigne la caisse rectangulaire que l'on place sur le bac C.

(3) Ces lettres sont remplacées dans le dessin par les lettres en petit-romain.　(R de L.)

3. DESCRIPTION DES MACHINES PROPRES A TEINDRE A L'AIDE DES COULEURS ELLES-MÊMES,

QUI AGISSENT DIRECTEMENT SUR L'ÉTOFFE PAR ASCENSION, ET LA PÉNÈTRENT EN VERTU DE LA LOI DE L'ÉQUILIBRE DES LIQUIDES.

J. Machine de MM. COLOMB et LALAN.

(Brevet pris le 11 juin 1845.)

INDICATION DES PIÈCES PRINCIPALES DE L'APPAREIL.

« Cet appareil (Voyez la *figure 1re*) (1) se compose principalement : 1° d'un réservoir A en cuivre, contenant la couleur ; 2° d'un ou plusieurs conduits B destinés à l'écoulement de la couleur ; 3° d'un ou plusieurs tuyaux C dits de distribution par lesquels la couleur arrive aux ajustages D qui traversent le petit cylindre E, la portent par les orifices D' sur la pièce à teindre ; 4° de ces petits cylindres E en cuivre garnis de drap et destinés à égaliser les couleurs sur la pièce au fur et à mesure qu'elles y arrivent ; 5° de deux boîtes en bois FF contenant la vapeur au moyen de laquelle les couleurs sont fixées sur chaque pièce que l'on y fait passer ; 6° enfin des rouleaux placés à chaque extrémité et destinés à y appeler et recevoir alternativement dans un sens et dans l'autre les pièces à teindre. »

. . . .

MODE D'EMPLOI DE L'APPAREIL.

. . . .

La pièce en effet placée sur la bobine I se déroule sur le rouleau d'appel H, passe alternativement dans les boîtes FF à travers lesquelles elle est guidée et maintenue par les rouleaux G'G'G', mus eux-mêmes par les poulies GGG. Dans ce trajet, elle est nécessairement mise en contact avec les cylindres EEE d'où les couleurs, s'échappant par les orifices D', se trouvent par l'action de ces cylindres égalisées aussitôt qu'arrivées sur la pièce ; quant à celles non employées, elles tombent dans le fond placé au-dessous des cylindres et s'en écoulent par le conduit M.

D'un autre côté les couleurs sont fixées sur la pièce au moyen de la vapeur que portent dans les deux boîtes FF les conduits OO dont l'embouchure est surmontée par un champignon de même métal O' destiné à éviter qu'à son arrivée la vapeur ne heurte la pièce et ne fasse tache en la frappant.

Enfin, lorsqu'à son premier passage sur les cylindres EEE, la pièce n'a pas reçu la teinte convenable, on la fait repasser dans les boîtes FF, au moyen des rouleaux de rappel HH, et l'opération se trouve terminée.

C'est ainsi que fonctionne le teinturier mécanique, quand on ne veut obtenir qu'une seule couleur disposée par bandes à teintes décroissantes.

Quand au contraire on veut teindre simultanément en couleurs différentes, on substitue au réservoir A, qui dans le premier cas est une boîte sans division, un réservoir à autant de compartiments intérieurs que l'on entend employer de couleurs distinctes; on augmente en même nombre les conduits de descentes B et les tuyaux de distribution C, sur lesquels sont vissés le nombre d'ajustages convenable; de cette manière, chaque couleur arrive en même temps et sans confusion sur la partie de la pièce qui doit la recevoir en traversant les cylindres E, allongés eux-mêmes en conséquence.

COLOMB ET LALAN.

(1) Représenté *planche III, fig. 1.*

K. Machine de M. DESCAT-CROUZET.

(Brevet pris le 17 septembre 1845.)

La figure (1) représente la disposition de la machine, et démontre la disposition d'un tuyau T, monté sur le châssis fixe J, percé de fentes allongées, *i i i i*, et communiquant avec la chaudière N servant de réservoir dans lequel se trouve le bain.

En ouvrant le robinet R, le liquide passant par le tuyau G, vient remplir le tube T et s'échappe par les fentes *i i i* ; la pièce le ramasse en passant dessus, et va s'enrouler sur l'un des rouleaux D, D.

Les barres B, B, sont des barres de contrainte ; C, C' sont des rouleaux qui supportent la pièce. EF, FF sont des engrenages qui appellent la pièce I'.

K est un bac recevant l'excédant du bain pris par la pièce.

L robinet communiquant avec le réservoir K pour le vider au besoin.

M seau servant à transvaser le bain.

N chaudière servant de réservoir pour alimenter *i i i i*.

DESCAT-CROUZET.

(1) *Fig. 5, planche II de la note.*

[illegible]

[illegible]

[illegible]
[illegible]
[illegible]

[illegible]
[illegible]
[illegible]

Mais, pour ne rien omettre de la pensée de chaque inventeur et de l'idée fondamentale de chaque invention, nous reproduisons les descriptions des brevets eux-mêmes, en les mettant en regard les unes des autres, afin qu'on puisse mieux les juger et les comparer. (*Voir les tableaux 1, 2 et 3.*)

§ III.

Comparaison des appareils décrits dans les trois tableaux qui précèdent

D'après la description du brevet de M. Jourdan, l'invention consiste dans une machine, c'est-à-dire dans l'application d'un colorant liquide chaud et non gommé sur l'étoffe, au moyen de molettes baignant dans un bain de teinture chauffé par un serpentin rempli de vapeur, et de molettes supérieures et superposées aux premières, afin d'opérer une pression sur l'etoffe à l'instant où elle reçoit le colorant.

Ainsi, l'organisation, l'agencement des molettes constitue l'idée-mère de l'invention de M. Jourdan, ou, ce qui revient au même, l'invention de M. Jourdan consiste dans l'application réelle et incontestable de l'emploi de la pression de l'étoffe entre plusieurs molettes, pour obtenir des rayures ombrées ; rien en deçà, rien audelà.

Aussi, nous semble-t-il permis de dire que tous les autres appareils se différencient du sien, quant au principe de teindre et de transmettre le liquide colorant à l'étoffe.

Par exemple, dans la machine de M. Descat (planche II, fig. 5), la teinture ombrée a lieu en faisant passer l'étoffe sur un tube horizontal, percé à sa partie supérieure de plusieurs petits trous également distants entre eux, suivant le nombre et l'écartement des rayures que l'on veut produire sur l'étoffe. Dans ce cas, les rayures sont produites directement par l'ascension du liquide colorant lui-même, exerçant une pression plus ou moins forte et proportionnelle à la hauteur du réservoir qui le contient.

Le liquide agit alors par ascension en vertu de la loi de l'équilibre des liquides, l'un des principes fondamentaux de l'hydrostatique, tandis que dans la machine de M. Jourdan, c'est par la pression partielle des molettes et par le simple frottement de roulement que la teinture a lieu.

Or, il est évident qu'en mécanique ces deux effets sont bien différents, et nous ne voyons pas pourquoi on ne les considérerait pas ainsi dans l'art de la teinture proprement dite.

Cette distinction a toujours une assez grande importance pour fixer l'attention des hommes un peu versés dans les connaissances physico-chimiques, et nous avons lieu de croire qu'elle n'échappera pas davantage aux magistrats appelés à juger le procès en contrefaçon entre MM. Jourdan et Descat.

Il est encore une autre distinction bien importante à faire, c'est qu'à l'aide de la machine de M. Descat on peut opérer plus sûrement et plus promptement qu'avec l'appareil de M. Jourdan, qui demande une foule de soins minutieux et une manutention très lente pour éviter les salissures.

On comprend facilement que si, avec l'appareil de M. Jourdan, on passait la pièce avec une trop grande vitesse, le liquide se projetterait inégalement en vertu de la force centrifuge. C'est en vertu de cette force que la boue qui s'attache aux roues de nos voitures s'en détache et se trouve lancée ainsi au loin avec une vitesse acquise par le mouvement de rotation. Avec la machine de M. Descat, les salissures par la projection ou l'ascension du liquide sont peu ou point à craindre, car le liquide se projette toujours sur l'étoffe en ligne droite et verticale.

Il est vrai que pour teindre et ombrer les grosses étoffes, telles que les flanelles, etc., M. Jourdan emploie aussi un réservoir superposé à l'étoffe, qui reçoit directement la couleur qu'il contient. Ce réservoir est garni à sa base de plusieurs robinets, sous lesquels se trouvent des galets correspondant aux rayures que l'on veut avoir. Les robinets sont disposés de telle manière que l'on peut les ouvrir et les fermer simultanément, en faisant mouvoir un levier unique.

Mais M. Jourdan peut-il réclamer le droit exclusif d'employer cette bassine? Ce droit n'appartient-il pas plutôt à M. Zuber, qui a pris un brevet d'invention en 1843, ou à M. Léon Godefroy, de Puteaux, qui a pris un certificat d'addition à son brevet primitif, en date du 22 octobre 1844, et par conséquent antérieur à celui de Jourdan, pour l'application de ce genre de bassine pour la teinture des rayures ombrées par l'impression à chaud?...... Ce droit n'est-il pas bien acquis, en vertu de l'article 18 de la loi sur les brevets d'inventions, soit à M. Zuber, pour la bassine, soit à M. Léon Godefroy seul, pour l'agencement des robinets placés au-dessous du fond de cette bassine et mus solidairement au moyen d'un levier unique.

Voilà le point important qu'il s'agirait de faire juger, pour établir les droits de chaque inventeur, et le mérite réel des brevets et additions qu'ils ont demandés. Tous ou presque tous sont dans la ferme persuasion qu'ils ont réellement inventé des procédés nouveaux de teinture, et qui ne sont pas semblables aux procédés déjà existants et brevetés.

Les prétentions de *M. Jourdan* lui-même ne sont pas moins exagérées quant à l'invention des rayures ombrées sur les tissus de laine en pièce, et tout le monde sait que, *pour se faire croire l'inventeur des rayures ombrées par la teinture,* il a supposé qu'il avait inventé le moyen d'*industrialiser* (c'est-à-dire d'exploiter) la capillarité et *l'enroulement de l'étoffe* sur deux cylindres d'appel ; ces deux principes constitutifs de la teinture ombrée sont réellement la propriété de M. Giraud, qui l'a cédée à M. Jules Joly, suivant acte passé par devant notaire.

Depuis, M. Joly a cédé à M. Descat, par acte notarié, la faculté d'exploiter la machine de M. Giraud, dans le département du Nord, seulement pour teindre et ombrer des étoffes.

Par conséquent, M. Descat profite de plein droit de la *faculté de régulariser* la teinture ombrée par l'enroulement total et continu de l'étoffe sur des cylindres d'appel.

§ IV.

RÉSUMÉ ET CONCLUSION.

Nous avons déjà établi que l'invention de M. Jourdan consiste seulement dans une *machine propre à teindre mécaniquement, rayer et ombrer les étoffes par un système de pression partielle et continue,* au moyen d'une disposition particulière de plusieurs rangées de molettes, entre lesquelles passe l'étoffe dont les deux extrémités sont attachées à deux cylindres horizontaux placés au-dessus du bain de teinture.

Au résumé, la demande du brevet de M. Jourdan est limitée à cette machine seule, et la description elle-même ne renferme que les objets de détail qui la constitue.

Il est vrai que le procès-verbal d'enregistrement, dressé par le secrétaire général de la préfecture de la Seine, porte que M. Jourdan a demandé un brevet pour une machine et un système de teinture ; mais ce titre, qui ne renferme pas la désignation sommaire et précise de l'objet de l'invention, ne peut conférer à M. Jourdan le droit exclusif d'exploiter à son profit, comme il le prétend, les machines et systèmes de teinture servant à *teindre, rayer* et *ombrer* les étoffes par l'impression, ou la pression partielle du colorant lui-même, suivie d'un enroulement sur des cylindres horizontaux.

L'application d'un bain colorant, chaud ou froid, sur une étoffe, par le frottement d'un cylindre ou d'un drap sans fin, n'est pas une invention nouvelle, et Gratrix a pris une patente pour cet objet, en Angleterre, en 1799.

Seulement, l'emploi de plusieurs rangées de molettes superposées deux par deux, *pour teindre, rayer et ombrer les étoffes*, est une invention essentiellement brevetable au profit de M. Jourdan.

Nous dirons également que l'emploi d'une bassine pour teindre *ou imprimer mécaniquement par descension ou par ascension* du liquide colorant sur l'étoffe, n'est pas suffisant à lui seul pour constituer une exploitation privilégiée au profit de M. Jourdan ou de tout autre. Nous rappellerons que cette bassine a déjà été employée isolément par Jeffreys pour imprimer des réserves chaudes, par MM. Alfred Thomas, Camille Kœchlin, et par M. Zuber, pour faire des rayures unies ou fondues, et par MM. Colomb et Lalan, et Léon Godefroy, qui ont pris chacun des brevets d'invention pour teindre des zones ombrées avec le seul emploi :

1° D'un colorant de teinture chaud, non gommé, plus concentré que celui des bains ordinaires de teinture ;

2° D'une étoffe humectée par la vapeur d'eau qui facilite et régularise la dégradation de la couleur ;

5° D'un enroulement de l'étoffe sur des cylindres horizontaux.

D'ailleurs, M. Jourdan n'a pas demandé, dès l'origine, un brevet d'invention pour l'emploi exclusif et isolé d'une bassine, percée de trous, communiquant directement le colorant chaud à l'étoffe qui passe dessous ; et, en supposant même la réalité et la validité du certificat d'addition qu'il a pris, le 5 avril 1845, pour l'application d'une bassine garnie de robinets et de molettes posées au-dessous, lesquelles reçoivent le colorant chaud et le transmettent à l'étoffe par leur mouvement de rotation, nous dirons encore que l'appareil de M. Jourdan est, quant à sa construction, analogue, pour ne pas dire identique, à celui de M. Godefroy (Voir planche II, fig. 4, et planche III, fig. C, D et I). En effet, nous retrouvons dans les deux appareils :

1° Des robinets adaptés sous la bassine pour diviser et distribuer le colorant sur l'étoffe, à des distances convenables;

2° Un levier unique pour faire mouvoir simultanément tous les robinets.

Avec la machine de M. Zuber, ou avec celle de M. Godefroy, telles qu'elles sont décrites dans leurs brevets, sans aucune addition ni suppression, on peut faire sans aucun doute des ombrés par capillarité, et par le seul fait de l'emploi :

1° d'un colorant de teinture chaud ;

2° D'une étoffe humide, tendue et enroulée sur des cylindres d'appel.

Mais le quatrième certificat d'addition, pris par M. Jourdan, le 8 novembre 1845, nous paraît nul et de nul effet pour intenter une action en contrefaçon, parce qu'il renferme des changements, perfectionnements ou additions qui ne se rattachent pas au brevet principal.

Ce certificat *a été pris pour l'emploi de la bassine seulement; et cet em-*
ploi, qui marque le passage et la substitution d'une machine à une
autre, ne consiste rien moins qu'à supprimer entièrement les deux
rangées de molettes, et par conséquent *la pression partielle et continue,*
objet principal et unique du brevet.

D'après M. Jourdan, c'est le liquide colorant contenu dans la bassine qui agit, teint et pénètre l'étoffe, en vertu de son propre poids,
ou, pour parler le langage scientifique, en vertu de la gravitation et
de la pesanteur des liquides.

Ainsi cette nouvelle machine ne renferme ni bain de teinture contenu dans un réservoir inférieur, ni molettes inférieures qui entraînent et portent le bain chaud sur l'étoffe par leur mouvement de
rotation et en vertu de la loi que l'on appelle *force centrifuge*, ni molettes supérieures qui opèrent une pression partielle et continue sur
l'étoffe.

L'appareil de M. Jourdan, ainsi modifié, changé et dénaturé,
n'est autre que celui de M. Alfred Thomas, ou de M. Zuber, ou de
M. Godefroy, sauf l'addition de la cuve à fixer qui est la propriété de
MM. Colomb et Lalan, et dont l'usage est au moins inutile et su-
perflu.

En nous résumant sur tous ces points, nous dirons donc que
M. Descat a le droit de teindre, rayer et ombrer les étoffes à
l'aide de la machine de MM. Zuber, de celle de M. Giraud dont il
est le cessionnaire, de celle de M. Godefroy qui lui a accordé une
licence, de celles de MM. Alfred Thomas et Kœchlin qui sont dans le
domaine public.

Il est clair qu'il a également la faculté d'exploiter et de régulariser la teinture ombrée à l'aide de l'enroulement et de la pression
produite par l'enroulement total de l'étoffe sur deux cylindres d'appel,
placés au-dessus du bain de teinture.

3

Enfin, dussions-nous être accusés de trop de témérité, disons qu'en admettant la réalité de l'invention de l'enroulement de l'étoffe pour régulariser la teinture ombrée, MM. Jourdan devraient être poursuivis eux-mêmes comme contrefacteurs, pour ce fait, par MM. Barallon et Giraud, ou Joly, son concessionnaire.

IMPRIMERIE DE GUSTAVE GRATIOT, 11, RUE DE LA MONNAIE.

Machines employées pour l'impression de plusieurs couleurs formant un fond de rayures soit droites, soit
ondoyantes, soit fondues, présentées à la Société industrielle de Mulhouse, dans la séance du 31 Octobre 1832 par Mr Camille Kœchlin
et publié dans le bulletin N° 28 de cette société page 374 et 396.

Machine inventée en Angleterre vers
l'année 1828 par Mr Alfred Thomas

dans laquelle les rayures sont produites à l'aide
des couleurs elles-mêmes agissant par descension

Planche 74

Fig. 10

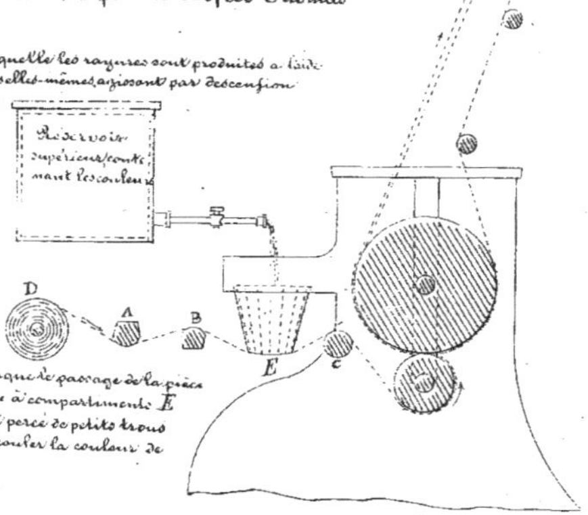

Réservoir
supérieur conte-
nant les couleurs

D   A   B
E   C

La flèche indique le passage de la pièce
sous la bassine à compartiments E
dont le fond est percé de petits trous
qui laissent écouler la couleur de
haut en bas

Machine pour imprimer les rayures à l'aide des couleurs elles-mêmes
agissant par accension, inventée en 1831 par Camille Kœchlin

Réservoirs   Contenant   Les   différentes   Couleurs
supérieurs

Tuyaux verticaux par les quels les couleurs
arrivent à la bassine horizontale A

La flèche
indique
la direction
de l'étoffe

Planche 75

Fig 25

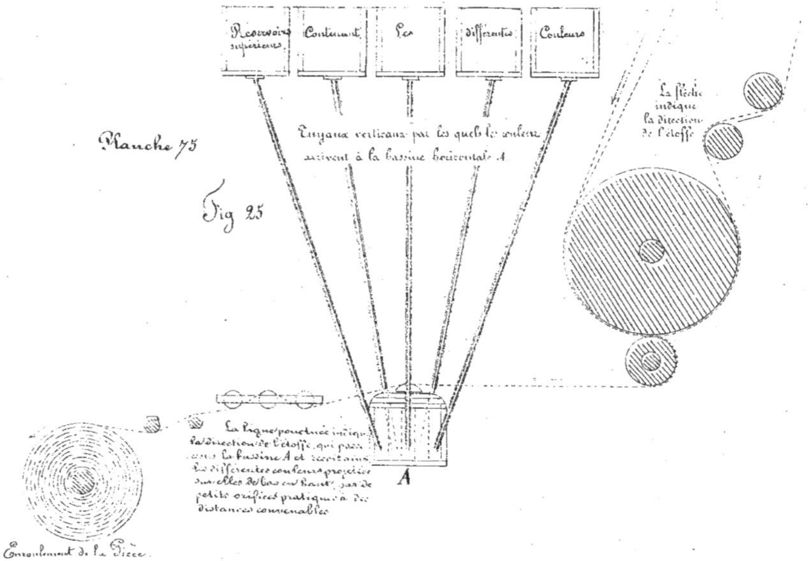

A

La ligne ponctuée indique
la direction de l'étoffe qui passe
sous la bassine A et reçoit sur
les différentes couleurs projetées
sur elles de bas en haut, par de
petits orifices pratiqués à des
distances convenables

Enroulement de la Pièce

Fig. 22

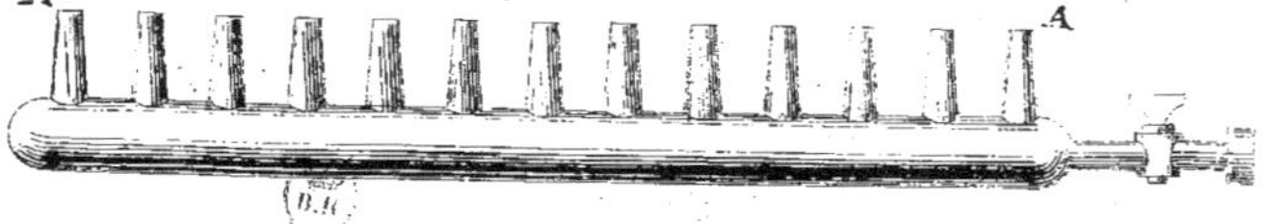

A   A

B.H.

Fig 23

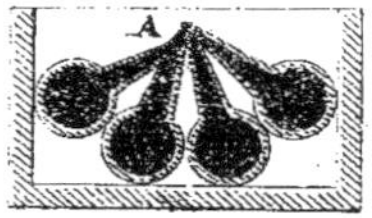

A

Fig 24

A

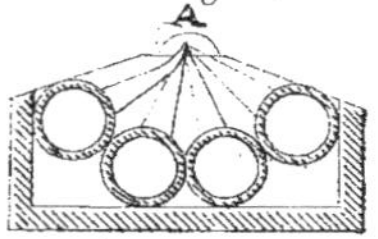

Les figures 22, 23 & 24 représentent les différens appareils construits par Mr Camille Kœchlin en 1832 pour imprimer des rayures composés d'une série de petits tubes qui viennent tous
aboutir à une seule ligne A. C'est en passant sur cette ligne que la pièce y reçoit l'impression des rayures. (extrait du Bulletin ...)

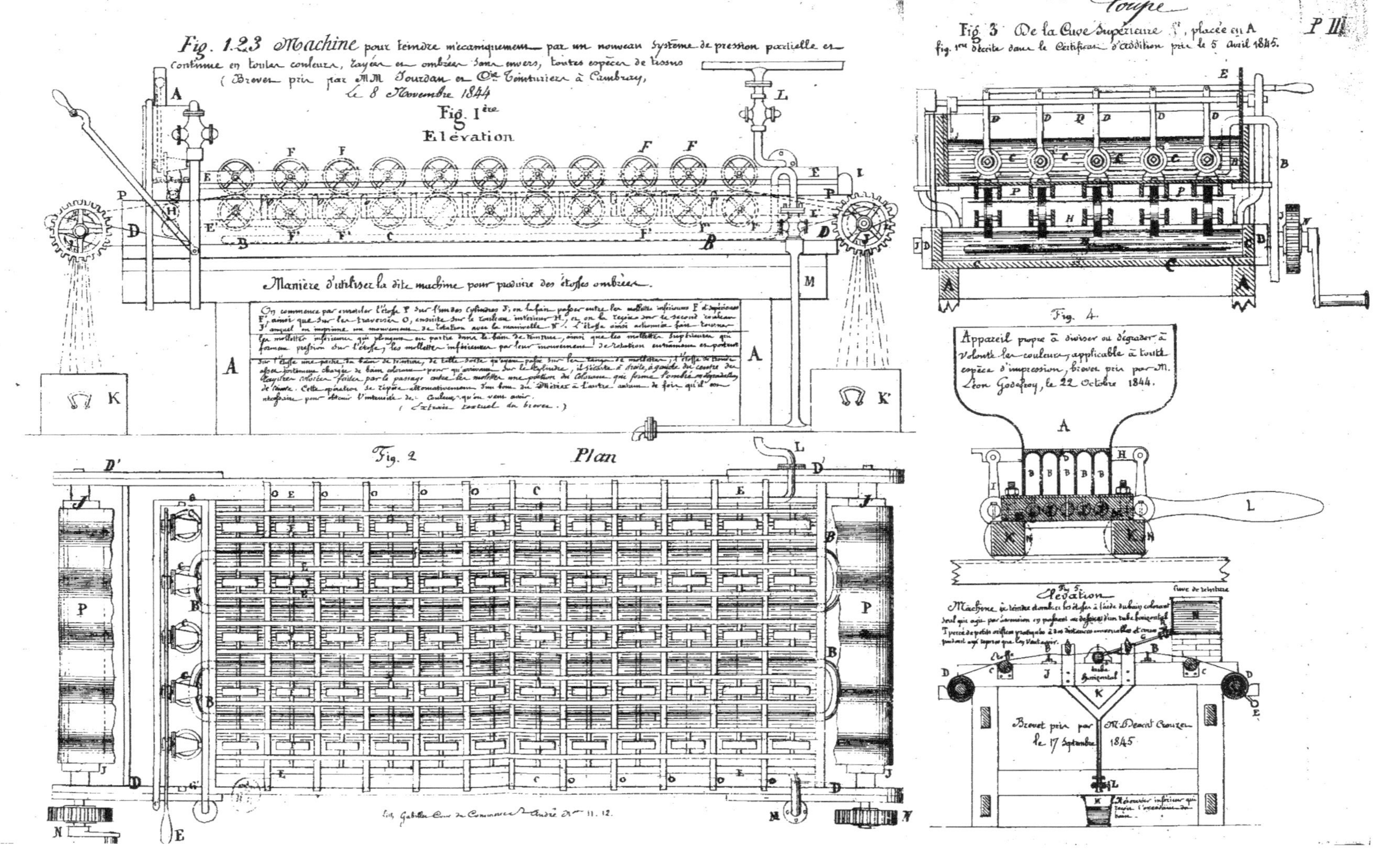

Coupe
P III
Fig. 3. De la Cuve Supérieure 1ère, placée en A
fig. 1ère décrite dans le Certificat d'addition pris le 5 avril 1845.
Fig. 1.2.3 Machine pour teindre mécaniquement par un nouveau système de pression partielle et
continue en toutes couleurs, rayées ou ombrées sans envers, toutes espèces de tissus
(Brevet pris par MM. Jourdan et Cie. Teinturiers à Cambray,
le 8 Novembre 1844
Fig. 1ère
Elévation
Manière d'utiliser la dite machine pour produire des étoffes ombrées.
(Extrait textuel du brevet.)
Fig. 2   Plan
Fig. 4.
Appareil propre à diviser ou dégrader à
volonté les couleurs, applicable à toute
espèce d'impression, Brevet pris par M.
Léon Godefroy, le 22 Octobre 1844.
Fig. 5. Elévation
Brevet pris par M. Decourt Crouzet
le 17 Septembre 1845.

[illegible]

[illegible]

[illegible]

[illegible]

[illegible]

A

Machine de MM. Zuber et Cie. pour faire des rayures
à une ou plusieurs couleurs en les fondre.
(Brevet pris le 13 Octobre 1843.

C.D. Machine de Mr. Léon Godefroy pour teindre ou imprimer à
chaud des Zones ombrées (1er Certificat d'addition pris le 27 Août 1845 et se rattachant
à la Machine B.   Planche II Fig 4.

I Appareil de M. Jourdan 4e Certificat d'addition
pris le 8 Novembre 1845.

Echelle de 20   Centimètres par mètre

J. Machine de MM Colomb Lalau, dite
Teinturier Multicolore
pour teindre des rayures dégradées
à une ou plusieurs couleurs

D. 2e Certificat d'addition pris par M. Léon Godefroy
le 1er Octobre 1845.

Fig 1er Vue de face ou en élévation de la grille a b
pour teindre l'étoffe.

Vue horizontale de la grille a b pour teindre
l'étoffe, y compris la règle divergente h,h, pour
tenir au large et le serpentin e e, qui projette de la
vapeur humide.

Lith. Gobillot Cm.   Imprimeur N° H.12

Légende

A .... Bâtis
b .... Serpentin de Vapeur percé de petits trous
C .... Bac en bois
DD ...... Facteur
EE ...... Cylindres en bois pour tenir l'étoffe au large
FF ...... Serpentins en bois
G .... Robinets et tuyaux pour l'entrée de la vapeur
H .... Cuve en bois ou en Cuivre
I .... Serpentin de Chauffage

ʃʃʃʃʃʃʃ Robinets et Molettes distributeurs
KKKKKK Cinq correspondant aux clefs des robinets et la jauge K
L .... Tringle servant à régler simultanément l'ouverture des robinets
m .... Caisse ou boîte à frisage
n .... Petite Cheminée pour l'échappement du trop plein de Vapeur
O .... Manivelle

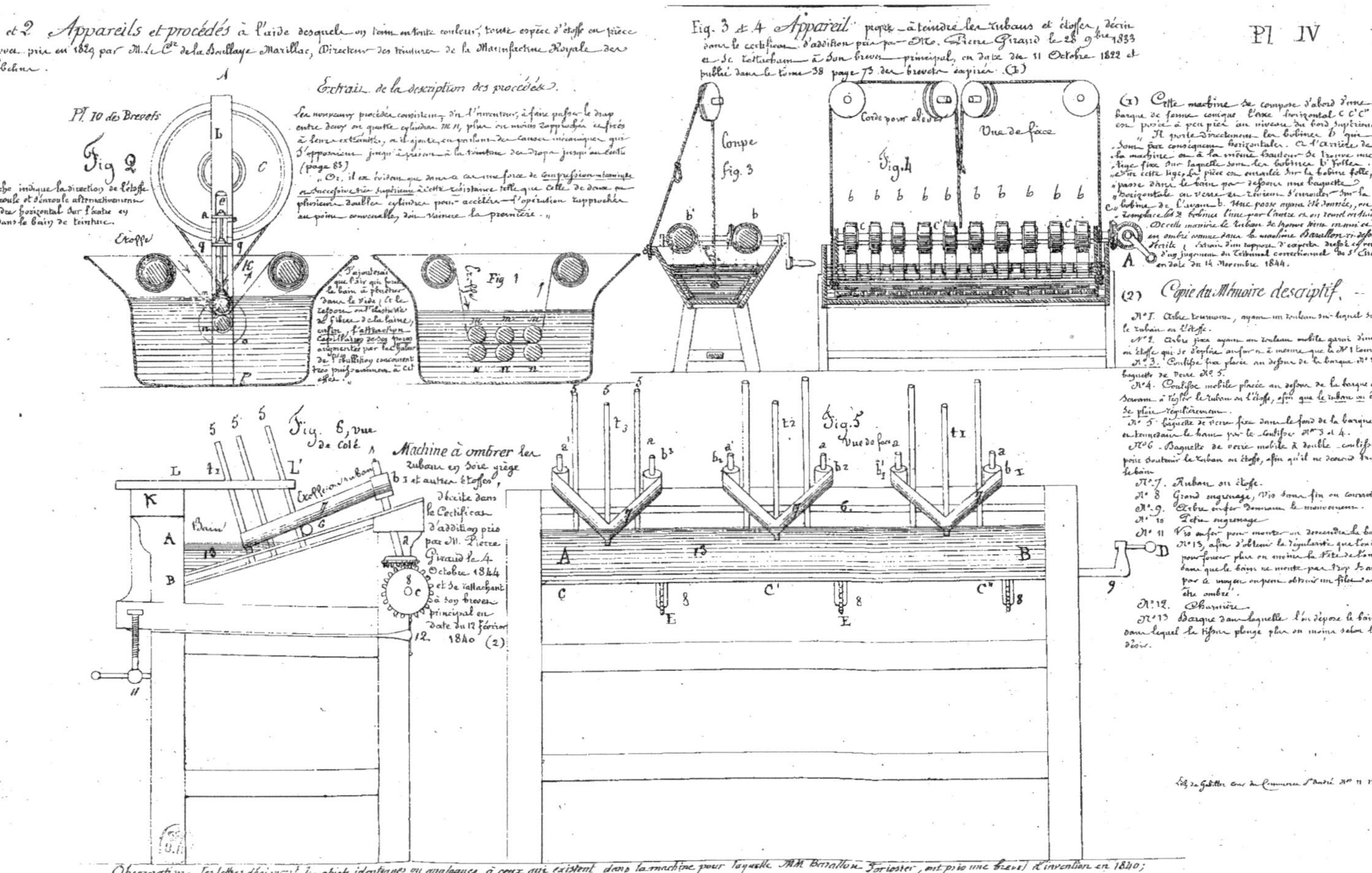
Pl. IV
Fig. 1 et 2. Appareils et procédés à l'aide desquels on [peut] imprimer couleur, toute espèce d'étoffe en pièce (Brevet pris en 1829 par M. le Cte de la Boullaye Marillac, Directeur des teintures de la Manufacture Royale des Gobelins).
Extrait de la description des procédés.
Pl. 10 des Brevets
Fig. 2
Étoffe
Fig. 1
Fig. 3 et 4. Appareil propre à teindre les rubans et étoffes, décrit dans le certificat d'addition pris par M. Pierre Girard le 28 9bre 1833 et se rattachant à son brevet principal, en date du 11 Octobre 1822 et publié dans le tome 38 page 73 des brevets expirés.
Coupe Fig. 3
Corde pour élever
Vue de face
Fig. 4
b b b b b b b b b b
(1) Cette machine se compose d'abord d'une barque de forme conique. L'axe horizontal C C' C'' ...
(2) Copie du Mémoire descriptif.
N° 1. Arbre tournant, ayant un rouleau sur lequel se plie le ruban ou l'étoffe.
N° 2. Arbre fixe ayant un rouleau mobile garni d'un ruban ou étoffe qui se replie aufur et à mesure que le N° 1 tourne.
N° 3. Coulisse fixe placée au-dessus de la barque N° 13, suivant baguette de verre N° 5.
N° 4. Coulisse mobile placée au-dessus de la barque N° 12 servant à régler le ruban ou l'étoffe, afin que le ruban ou étoffe se plie régulièrement.
N° 5. Baguette de verre fixe dans le fond de la barque N° 13 ...
N° 6. Baguette de verre mobile à double coulisse ...
N° 7. Ruban ou étoffe.
N° 8. Grand engrenage, Vis sans fin ou curseur.
N° 9. Arbre enfer donnant le mouvement.
N° 10. Petit engrenage.
N° 11. Vis enfer pour monter ou descendre la barque N° 13 ...
N° 12. Charnière.
N° 13. Barque dans laquelle l'on dépose le bain, dans lequel le tissu plonge plus ou moins selon le désir.
Fig. 5. Vue de face
t3 t2 t1
A C C' C'' B
Fig. 6, Vue de côté.
Machine à ombrer les rubans en soie grège et autres étoffes, décrite dans le Certificat d'addition pris par M. Pierre Girard le 4 Octobre 1844 et se rattachant à son brevet principal en date du 12 Février 1840 (2).
Étoffe ou ruban
Ruban
Observation. Les lettres désignent les objets identiques ou analogues à ceux qui existent dans la machine pour laquelle MM. Barrallon Forioster, ont pris un brevet d'invention en 1840.

[illegible]

Manière de teindre des écheveaux de soie ombrés dans toute leur longueur inventée en 1811 par Mrs Beauvais Renard (1)

Appareil employé pour la 1re fois en 1840 par M Lontrobert et Pignard, Teinturiers à Paris, pour la teinture des laines flochet ombrées

Appareil employé en 1839, par Mr Vidalin teinturier à Lyon pour teindre les schals ombrés; copié sur le dessin Communiqué par Mr Vidalin.

(1) Voir la description publiée dans le tome 6 page 142 des Brevets expirés